珞珈经管论丛

会计准则制定的经济后果研究

• 田娟 著

武汉大学出版社

图书在版编目(CIP)数据

会计准则制定的经济后果研究/田娟著. —武汉：武汉大学出版社，2016.11
珞珈经管论丛
ISBN 978-7-307-18778-8

Ⅰ.会… Ⅱ.田… Ⅲ.会计制度—研究—中国 Ⅳ.F233.2

中国版本图书馆 CIP 数据核字(2016)第 264628 号

责任编辑：唐　伟　　责任校对：汪欣怡　　版式设计：韩闻锦

出版发行：**武汉大学出版社**　（430072　武昌　珞珈山）
（电子邮件：cbs22@whu.edu.cn　网址：www.wdp.com.cn）
印刷：虎彩印艺股份有限公司
开本：720×1000　1/16　印张：9.75　字数：139 千字　插页：1
版次：2016 年 11 月第 1 版　　2016 年 11 月第 1 次印刷
ISBN 978-7-307-18778-8　　定价：29.00 元

版权所有，不得翻印；凡购我社的图书，如有质量问题，请与当地图书销售部门联系调换。

前　言

　　会计准则作为会计信息生产与提供的规范，并不是一种单纯的技术手段，而是一种具有经济后果的制度，这是20世纪70年代西方会计学界得出的重要结论。会计准则的经济后果使人们意识到会计准则的实施会影响到各利益相关者的利益分配格局，准则的出台或变更必然会引起各利益相关者的关注和积极参与，最终颁布的会计准则既要遵循会计本身的基本原则，保持会计准则的技术特征，又要关注各方利益，考虑会计准则实施后可能产生的经济影响。只有这样，才能保证会计准则的可接受性与可推行性，推动会计准则体系的不断完善和发展。

　　从西方发达国家来看，会计准则的经济后果使人们对会计准则制定的认识有了质的飞跃，并在一定程度上推动了其会计准则的变迁，促使其会计准则的制定过程更加理性和成熟。随着我国社会主义市场经济体制的建立，我国的会计工作发生了重大变化。回顾我国会计改革和会计准则建设的历史，我们不难发现，经济后果对我国会计准则的制定也产生了重要影响。尤其是2006年我国颁布新的会计准则后，新会计准则的发布实施对诸如提高上市公司的质量、保护投资者的利益、促进资本市场发展、维护市场经济秩序等方面的影响，都需要我们从经济后果的角度进行研究。只有这样，才能推动我国会计准则体系的不断完善和发展，更好地为我国经济服务。

　　与此同时，经济全球化使会计准则国际趋同成为一种趋势，目前包括美国和欧盟等在内的世界主要国家和经济共同体都已采用或认可国际财务报告准则。会计准则国际趋同的经济后果也将对我国会计准则制定产生重要影响。因此，本书将在经济全球化和我国市场经济现实情况的背景下展开对我国会计准则经济后果的研究，尤其是重点研究经济后果对我国会计准则制定层面的影响。

本书共分五章，各章研究内容如下。

第一章，导论。本章主要介绍研究背景与意义，相关国内外文献综述的述评，研究思路和主要创新。

第二章，会计准则制定经济后果的契约理论。本章重点从契约理论的角度阐述了会计准则经济后果产生的原因，并进一步指出会计准则的经济后果会导致会计准则制定的政治化。

第三章，会计准则制定经济后果的历史考察：以美国为例。本章主要阐述美国会计准则制定机构的变迁、美国会计准则制定导向的演变以及美国若干会计准则经济后果的典型案例，指出经济后果一直影响着美国会计准则的制定并具体分析了美国针对经济后果所采取的相应措施。

第四章，会计准则制定经济后果的现实状况：基于我国经济背景。本章从我国经济背景出发，以新会计准则为对象，以所得税会计准则为例详细阐述了新会计准则的经济后果。并对我国会计准则经济后果进行了理论分析，提出了改进措施。

第五章，会计准则制定经济后果的国际影响分析。本章从经济全球化角度出发，对会计准则制定经济后果的国际影响进行了分析。在分析我国会计准则国际趋同收益和成本的基础上提出了我国会计准则国际趋同的策略。

本书是在我的博士论文的基础上修订完成的。在本书即将付梓之际，特别感谢我的导师武汉大学余玉苗教授对我在论文写作过程中给予的指导、帮助和关心，也要感谢我的家人多年来对我默默的支持！

本书存在的不妥之处，望广大读者批评指正。

田　娟

2016 年 8 月

目 录

第一章 导 论 …………………………………………… 1
 第一节 研究背景和研究意义 ………………………… 1
 第二节 文献综述 ……………………………………… 7
 第三节 研究思路与主要创新 ………………………… 20

第二章 会计准则制定经济后果的契约理论 …………… 23
 第一节 会计准则经济后果的基本概念 ……………… 23
 第二节 契约理论与会计准则制定的经济后果观 …… 32
 第三节 会计准则制定经济后果观的延伸：会计准则
    制定的政治化 ………………………………… 43

第三章 会计准则制定经济后果的历史考察：以美国为例 …… 47
 第一节 美国会计准则制定机构的变迁 ……………… 47
 第二节 美国会计准则制定导向的演变 ……………… 52
 第三节 实际的证据：美国具体会计准则的经济后果 …… 57
 第四节 启示与小结 …………………………………… 65

第四章 会计准则制定经济后果的现实状况：基于我国
   经济背景 …………………………………………… 79
 第一节 我国会计准则发展的历史回顾 ……………… 79
 第二节 新会计准则体系的显著特点与重要变化 …… 83
 第三节 新会计准则实施的经济后果分析：以所得税
    会计准则为例 ………………………………… 86

第四节　我国经济环境下会计准则经济后果的分析……… 104
　　第五节　我国会计准则制定的改进…………………………… 114

第五章　会计准则制定经济后果的国际影响分析……………… 117
　　第一节　会计准则国际趋同的收益和成本…………………… 117
　　第二节　会计准则国际趋同利益之争的途径：争夺国际
　　　　　　会计准则制定权……………………………………… 121
　　第三节　我国会计准则国际趋同的经济后果及
　　　　　　应对策略……………………………………………… 128

参考文献……………………………………………………………… 140

第一章 导 论

第一节 研究背景和研究意义

一、研究背景

"经济后果学说"作为会计准则制定中的一个实质性问题,是从 20 世纪 70 年代的美国开始的,它指的是会计报告对企业、政府、工会、投资者和债权人决策行为的影响①。它是和会计准则"技术说"相对立的一种假说。"技术说"将会计准则作为一种纯客观的技术规范,认为它和自然科学的原理一样具有真理性,因而从具有真理性的理论体系中推导出来的会计准则也可以达到科学、有序和逻辑一致。从这一角度看会计准则,如果准则不能很好地规范企业的行为,只能是作为推理基础的会计理论本身不完善,或者是推理过程出了问题。但事实上,这是由于会计准则还具有经济后果性质引起的。

在现实生活中,会计信息是多种契约得以履行的基础,如债务契约、报酬契约等;此外,在成熟的资本市场中,会计信息还会影响股票的价格,进而影响投资者的资本利得,影响企业的融资成本。因此,会计信息会影响企业各利益相关者的直接经济利益,影响信息使用者的决策。由于会计信息是根据会计准则生产与提供的,不同的准则规定会使会计信息的内容有所不同,进而影响到各

---

① Zeff, S. A. The Rise of Economic Consequences. Journal of Accountancy, 1978, 12: 56-63.

利益相关者的利益分配，因此准则的出台或变更必然会引起利益相关方的关注和积极参与，最终实行的会计准则既要遵循会计本身的基本原则，保持会计准则的技术特征，又要考虑能够获得某种经济后果的利益集团的"呼声"，关注各方利益，考虑会计准则实施后可能产生的经济影响。这样，准则就不再是一个纯技术性的规范，很多从理论上看似能够导致真实而公允披露的会计准则，往往在颁布之前由于各方的强烈反对而不得不妥协或者夭折，即表明会计准则经济后果的存在。

经济后果学说理论之所以在20世纪70年代的美国出现，是有深刻背景的。在20世纪30年代，即会计信息实现标准化之前，会计信息的生产及供应完全由企业管理当局控制，外部的利益相关者无法借助会计报告寻求经济利益和经济后果，自然也就不会关注会计报告的经济后果。20世纪30—70年代，美国的会计准则制定权由会计程序委员会（CAP）和会计原则委员会（APB）掌握。会计准则是对会计政策选择的最重要的控制，企业利益相关者仍然无法参与会计准则的制定，只能从会计准则和会计报告中寻求自己的经济利益。1973年财务会计准则委员会（FASB）取代了CAP和APB，取得了成功并持续至今。表面上看，CAP和APB被FASB取代是由CAP和APB缺乏理论支撑而FASB制定出了前后一贯的会计理论，即财务会计概念框架（CF）。实质上，更重要的原因是CAP和APB采用的会计模式仅仅考虑了资产、负债和收入计量、财务状况和经营成果的公允表达等这些技术因素，却没有很好地关注并平衡各个利益集团的利益。而FASB为了促使其所制定的准则能够为各个利益集团所接受，特别注意遵循广泛代表性原则，发表有关的讨论备忘录（DM）以及征求意见稿（ED），给予相应的时间以收集各方评论，并举行听证会以广泛地征求社会各界意见。FASB在会计准则的制定中还遵循了充分公开的原则，准则制定的全过程都处于摄像机的监控之下，采用少数服从多数的最后投票表决制度，即5∶2表决制，每一份准则都有表决情况的具体说明，准则后面还附有投反对票的委员们的反对意见。此外，FASB还专门设有紧急问题处理委员会（EITF），及时开展对会计新问题的研究并发表指导性意见。正是因为 FASB 所倡导的充分程序①（due process）充分考虑了各利益相关者的利益，满足了他们对经济后果的追求，所以 FASB 才能执掌会计准则制定权多年。

2001 年，美国爆发了安然财务欺诈丑闻事件。安然公司会计造假的手段是巧妙地利用了 EITF 发布的若干指导意见中关于"特别目的实体"（SPE）会计处理的若干"界限检验"的规则漏洞。根据美国有关 SPE 会计报表合并的规定，独立第三方的权益性投资占 SPE 总资产 3%以上，并且符合其他条件，该特别目的实体就可以不予合并。安然公司正是根据这个 3%的规定将三个存在巨额亏损和负债的特别目的实体排除在合并会计报表之外，导致高估利润及低估负债各数亿美元。显然，从某种意义上说，安然公司并没有违反会计规则，而是规避了会计规则。安然事件后，人们把目光纷纷指向了 FASB，认为美国会计准则本身的问题是症结所在。如负责安然公司审计的安达信会计师事务所就发表声明，指责美国现有会计准则过于偏重技术，导致形式重于实质，需要重新进行反思。美国相关媒体评论也普遍认为，美国公司的很多业务是按照会计准则来设计的，而不是完全按照市场规律行事。

2002 年 7 月美国通过了《公众公司会计改革与投资者保护法案》（又称《萨班斯—奥克斯利法案》，简称 SOX 法案），要求美国证券交易委员会（SEC）对采用原则基础的会计准则制定模式的可行性进行研究。2003 年 7 月 25 日，SEC 向国会提交了《按照2002 年要求对美国报告系统中采用基于原则的会计体系进行研究的报告》，该报告既不赞同会计准则采用规则基础模式，又不赞同会计准则采用原则基础模式，而是提出了目标导向模式。该模式的提出更多的是从考虑会计准则经济后果的角度出发，因为从该模式同时吸收"原则"和"规则"的优点来看，可以认为目标导向的会计准则遏制会计造假的能力更强。

2008 年全球金融危机的爆发再次将美国会计准则推到了风口浪尖，在危机中损失惨重的金融巨头，把引发危机的根源归咎于公

---

① 关于"充分程序"，见本书第三章第四节内容。

允价值计量模式，认为正是这种计量模式使得次债产品的损失被不断夸大，从而使金融危机向更深的层面和更大的范围延伸，要求SEC完全废除或暂时终止公允价值会计。FASB受到的压力越来越大，会计界开始进行妥协，通过放宽公允价值计量条件以保证自身的资产安全并满足一些银行家和政治家的要求。会计准则制定的经济后果再次凸显。

除了美国以外，从世界上其他国家来看，对会计准则经济后果的考虑同样在一定程度上推动了该国会计准则的变迁。例如，英国会计准则制定机构的发展可分为三个阶段：一是1969年以前，即英国成立正式准则制定机构以前；二是1970年至1990年，成立会计准则筹划委员（ASSC），后更名为会计准则委员会（ASC）；三是1990年成立至今的会计准则委员会（ASB）。英国会计准则制定机构几经变革，每一次变动均与外界压力有关。

出于对本国经济利益的考虑，在国际会计准则的制定上，国际会计准则委员会①（IASC）近年来也面临着来自不同国家、地区和跨国公司的诸多游说活动，尤其是当国际会计准则委员会1995年7月获得了证券委员会国际化组织（ISOCO）的支持后，其颁布的国际会计准则（IAS）和国际财务报告准则（IFRS）成为企业跨国上市融资时需要提供财务报表的编制基础，因此就引发了前所未有的游说活动。由此可见，会计准则国际趋同也具有经济后果，其主要表现就是各国的利益之争。

1992年以前，我国实行的是计划经济体制，国有经济在国民经济中占有绝对地位，国家作为资源的所有者，承担的是全部资源配置的责任，是经济利益最直接、最主要的承担者。企业和个人没有独立的经济利益，其经济福利的大小及增量都被制度完全规定了，企业只是国家政府管理部门的附属物，盈利全部上交，亏损则由国家弥补以保证再生产，个人也没有"经济人"特征，缺少逐利动机。在国家作为会计准则（即当时的会计制度）的制定者和

---

① 国际会计准则委员会（IASC），2001年被国际会计准则理事会（IASB）取代。

会计信息的唯一使用者的情况下，会计准则具有完全的统一性，会计核算制度表现为管理权限的高度集中，从会计科目设置到每个科目的核算对象、内容、范围、方法等都由财政部和中央的业务主管部门规定；从报表的种类、格式、项目、设置到报表的报送、审批，都必须按统一规定的内容和程序编报。在这种情况下，不存在会计准则选择的空间和可能，国家作为经济后果中的唯一利益相关者，在制定会计制度时以是否有利于国家利益作为选择具体会计制度的主要标准。因此，在计划经济体制下，会计准则的经济后果仅仅表现为对国家宏观经济利益的影响。

党的十四大后，我国开始建立和发展社会主义市场经济体制，在国有资产逐步退出竞争领域的同时，国家对经济的直接管理手段日趋淡化，取而代之的是通过经济杠杆来引导市场经济的运行。企业也逐渐由一个过去计划经济下的单一利益主体演变为多个利益主体的载体，反映企业财务状况和经营成果的会计信息与管理当局、政府、投资者和债权人等各方主体之间的关系日益密切，微观主体的利益需求逐渐凸显。在此情况下，企业利益主体的多元化及其利益的非均衡性，使得会计准则制定过程中有更多的参与者进行博弈，会计准则的制定显然再难回避经济后果问题。

我国于1992年11月30日正式颁布了《企业会计准则——基本准则》，之后又修改完善了《股份公司会计制度》，1997年5月还陆续颁布实施了16项具体会计准则，并对其中的6项进行了适时修订；自2000年起，又建立起了包括《企业会计制度》、《金融企业会计制度》和《小企业会计制度》在内的国家统一的会计制度。这些已经实施的会计准则和会计制度，大多具有正面的经济后果，有利于国家宏观经济政策的实施，合理引导社会资源的配置；同时，对提高股份有限公司会计信息质量起到了前所未有的积极作用，得到了投资者、债权人和管理层的信赖；而且大部分会计准则基本符合国际惯例，为我国资本市场信息规范化和会计准则国际化奠定了坚实的基础。但是，会计准则的变革很难做到不偏不倚，变革中出现的不完善和不适应客观环境变化的部分也带来了诸多负面的经济后果。例如，我国在2001年对刚出台不久的债务重组、非货币性交易等几项准则进行了技术修订，以账面价值的计量基础取代原来的公允价值。理论上说，公允价值是更科学、更合理的一种计量属性。但由于公允价值存在可操作性差等内在的局限性，实际操作中公允价值被很多上市公司当成粉饰业绩，诱导利益分配的"合法工具"。在中国会计当前的首要问题是解决信息的可靠性问题的大背景下，我们又不得不将公允价值改回按账面价值的计量基础。因此，大量非公允的经济后果是促成我国会计准则频繁修订的主要原因之一。

进入21世纪，由于经济贸易的信息化和信息技术的快速发展，经济全球化已经势不可挡，而且正在日益深化，国家与国家之间、区域与区域之间的经济依存度和影响力都在加深。尤其是在跨国投融资、国际资本流动、国际贸易等领域，寻求建立一个公认的、合理的、公正的游戏规则已经显得十分必要。在此背景下，2006年2月，我国财政部发布了包括1项基本准则和38项具体准则的新会计准则体系（为便于表述，以下简称新会计准则），并规定于2007年1月1日起首先在上市公司实施。新会计准则的发布和实施是我国会计史上的又一重要里程碑。尽管新会计准则对于规范企业会计行为、维护市场经济秩序、促进改革开放都发挥了十分积极的作用，但并不意味着我国的会计准则发展就此止步。新会计准则的发布实施，对诸如提高上市公司的质量、保护投资者的利益、促进资本市场发展、维护市场经济秩序等方面的影响，都需要我们从经济后果的角度进行研究。只有这样，才能推动我国会计准则体系的不断完善和发展，更好地为我国经济服务。

综上所述，对会计准则经济后果的考虑已成为会计准则制定过程中不可忽视的因素，而且越来越影响到会计准则的制定。因此本书将在经济全球化和我国市场经济现实情况的背景下展开对会计准则的经济后果研究，尤其是重点研究经济后果对会计准则制定层面的影响。

二、研究意义

会计准则是现代财务会计理论研究中的一个重要领域，会计准则的经济后果观是会计准则研究中的重要结论。由于经济后果的客观存在性，如果会计准则制定者考虑会计准则可能产生的副作用，而且对可能产生的后果进行研究，并预计执行准则的好处又将胜过可能的不利影响，那么颁布的会计准则所遇到的压力就会大大减轻，也有利于准则的实施。因此本书的研究具有重要的理论和现实意义。

首先，目前我国对会计准则制定的研究主要借助于理论分析和逻辑推理，研究应该制定什么样的会计准则来规范企业的会计处理。即使是已有的实证研究，学者们也多单纯着眼于会计准则的事后影响，通过设定各类模型来检验经济后果的存在及其特征。研究的视角难以有效打开，理论上的概括、升华也显得较为欠缺。本书的研究视角主要是从会计准则制定角度研究经济后果可能对准则制定过程带来的影响，以期为我国会计准则的制定提供理论支持和方向性建议。

其次，我国现有关于会计准则经济后果的研究，要么是针对具体会计准则产生的经济后果进行分析，要么是针对会计准则国际趋同的经济后果进行分析，得出的结论显然有一定的局限性。本书的研究视角比较全面，分别从国内和国际两个视角对会计准则经济后果进行系统的分析和论述，能较全面地评价我国会计准则的制定，并提出合理化的建议。

第二节 文献综述

一、国外研究综述

会计准则经济后果在20世纪40年代开始成为学术界争论的问题，到20世纪70年代成为会计准则制定过程中的一个实质性问题，但人们意识到会计准则具有经济后果的特性却是很久以前的事。帕乔利（Luca Pacioli）在《算术、几何、比及比例概要》中提出：如果按最高售价来计量商品，它将导致高估资本额和减少实现利润①。在折旧观念形成之前，美国铁路业对耐用资产如机车的开支要么作为当期的支出，要么不计提折旧。当时就有人对此进行批评：直接将资本支出借记收入，对现有股东不公平，因为他们重视当期股利；不考虑折旧和维修，又将是以损害长期股东利益为代价，来便利投机性的股东。1841年《美国铁路杂志》刊登的文章提出，应仔细、定期地确定铁路设备磨损的精确程度，以便能真正地对股东分配净收益，但现实中该建议并没有被采纳，其原因就在于铁路业为了吸引更多的资本而不惜从资本中支付巨额股利，以吸引投资者出高价购买企业的股票。1926年之前美国公司只公布资产负债表，而没有公布损益表，投资者和学者们认为这种做法不利于保护投资者的利益。可见，经济后果作为会计的特征之一，至少在复式会计出现不久之后就已被人们所认识与运用，并一直伴随着会计的发展。从国外的研究成果来看，不仅从规范研究的角度证实了经济后果学说，而且也从实证研究的角度证实了会计准则的经济后果。会计准则对会计信息的约束作用主要是通过企业对会计政策的选择来体现的，因此国外关于经济后果的研究主要是针对会计政策选择的经济后果进行的实证研究，提供的证据表明会计政策会影响公司管理层的行为，影响公司的价值，从而进一步支持了会计准则的经济后果观。主要研究成果如下。

（一）规范研究

在规范研究方面，众多学者围绕会计准则经济后果的概念、表现方式及产生影响等问题展开了研究。

20世纪70年代末，美国学者Rappaport（1977）在《会计准则的经济影响》一文中分析了经济后果的三种表现形式，并指出：对规范公司必须报告什么（如披露问题）和如何描述其经济活动（如计量问题）的准则制定过程来说，需要以一个更宽的眼界而不是传统的技术会计角度来重新认识。

---

① 索科洛夫：《会计发展史》，陈亚民等译，中国商业出版社，1990年。

第一次明确提出会计准则经济后果问题的是美国学者 Stephen A. Zeff，他在《"经济后果"学说的兴起》一文中指出，经济后果是指会计报告将影响企业、政府、工会、投资人和债权人的决策行为，这些决策行为反过来又可能影响其他相关方面的利益。Zeff 认为经济后果学说代表了会计思想真正的革命，社会和经济后果"已经成为当今会计的中心问题"。基于经济后果可能产生的影响，Zeff（2002）进一步探讨了准则制定征求意见过程中的"政治"游说现象。他提到，由于经济后果和经济人自利（self-interested）假设，会计报表的各个利益相关方会对会计准则制定过程进行游说，尽管这可能会造成其他相关人的利益损失。

Scott（1997）在《财务会计理论》一书中指出，尽管存在有效市场理论，会计政策不直接影响企业的现金流量，但会计政策的选择对财务报告的各种使用者还是具有经济后果的。这是因为选用不同的会计政策会导致不同的净利润，而净利润往往作为各种契约最常用的依据，就可能影响管理者的决策行为，改变公司的经营活动，影响公司的价值。如果这些影响是负面的，并且有许多投资者受到影响，这些投资者就会向其政治代表施加压力，结果政治家也会对会计准则制定产生兴趣，使会计准则的制定走向政治化。

Beaver（1981）在《财务呈报：会计革命》一书中指出，财务呈报有许多潜在的经济后果，其中包括：①个体间的财富分配；②累计风险水平与个体间的风险分布；③累计消费和生产；④企业间的资源配置；⑤专门用于财务信息生产、鉴证、传播、处理、分析和解释的资源；⑥用于规范的开发、执行、检查和立法的资源；⑦用于民间机构收集信息的资源。同时他还认为，财务呈报的这些经济后果可能对不同的利益关系人形成不同的影响，所以财务呈报制度的选择是一种社会选择，准则制定便成为政治程序的结果。

Darvid Mosso（1978）在《FASB 观点》中对会计准则的政治化问题做了阐述，他认为会计准则制定是一个政治化过程，其中存在着讨价还价和互相让步，事实上是一种权力游戏。

(二) 实证研究

从20世纪60年代起，美国会计界就开始意识到会计信息的经济影响。1968年，Ball和Brown对纽约证券交易所上市的261家公司从1946—1965年年度会计盈余信息披露前12个月到后6个月的股价进行了研究，他们发现盈余变动的符号与股票非正常报酬率的符号之间存在显著的统计相关性，首次证实了证券的市场价格确实并且至少能对会计信息中净收益作出反应，即会计信息与股价变动之间存在关联性，这也就表明会计信息具有经济后果。对会计准则经济后果的实证研究，主要包括会计准则经济后果对企业价值的影响、会计准则经济后果的动因检验以及会计准则国际趋同的经济后果。

1. 会计准则经济后果对企业价值的影响

在资本市场中，对上市公司而言，企业的价值多以公司股票价格（即以股东价值作为所有资源提供者价值的代表）作为替代变量。因此，会计准则的经济后果可以体现为会计政策变更对管理人员及投资者的决策行为产生影响，进而引起股票价格发生变动的过程。西方实证会计理论表明，会计政策的自发性变更能透过各种渠道令市场获悉，因此可能不会引起股价的变化；但起因于会计准则的变动而引发的强制性变更，则可能由于市场对这类强制性变更难以预期而带来股票价格或涨或跌的变动。在研究方法上，西方学者一般采用事件研究法来证明经济后果的存在，即使用较短的时间窗口（一般采用 [-15, 0] 和 [-15, 15] 这两种时窗），考察在此期间内股票的非正常报酬和市场未预期盈余之间的关系，来分析会计政策变更前后的股价变化。这方面的研究主要包括以下内容。

Leftwich（1981）运用事件研究法调查了由于APB第16号意见书《企业合并会计》（APB 16）和第17号意见书《无形资产会计》（APB 17）而引起的股票价格变化。这些意见书限制了权益集合法在企业合并时的使用。按照契约理论，这种变更可能会增大企业的契约成本，因此市场可能会对公司的股票价格做出不利的反应。Leftwich的研究部分地证实了这种观点：会计准则的变动会通过债务契约影响企业的股票价值。受这项强制性变更的影响，企业负债比例越高，其股票价格下跌越厉害。

Imhoff 和 Thomas（1988）就 FASB 第 13 号公告（SFAS 13）将资本租赁业务由表外附注说明改为表内的负债项目予以披露对公司资本租赁业务及其资本结构的影响进行了实证研究。研究结果发现 SFAS 13 确实对公司的资本租赁业务产生了不利的影响，SFAS 13 颁布实施后，资本租赁明显地转向经营租赁和非租赁性筹资，资本租赁占整个筹资的比重大幅下降，权益性筹资所占的比重明显上升，公司对 SFAS 13 反应的程度与其以前在附注中披露的资本租赁的水平相关。SFAS 13 之所以会产生经济后果，是因为它将资本租赁业务由表外负债项目变成了表内的正式负债项目，由此迅速提高了公司的负债比率，从而增大了违反债务契约的可能性，为减少违约成本，公司管理者在实施第 13 号公告后，不得不减少资本租赁这种债务性筹资，增加发行股票这种权益性筹资，降低负债比率，以维持债务契约所要求的负债水平。因此可以看出 SFAS 13 的出台对企业管理者的筹资决策行为确实产生了实质影响，就经理人员而言，这项会计政策产生了经济后果。

Sunder（1976）、Collins, Rozeff 和 Dhaliwal（1981）以及 Lys（1984）都曾先后研究了与 FASB 第 19 号公告（SFAS 19）的征求意见稿有关的股票价格变化情况，这个征求意见稿主张废除石油和天然气企业使用的完全成本法，代之以成功法。强制取消完全成本法会加大受此影响的企业违反债务契约的可能性，从而对股价产生不利的影响。他们的研究结果均证实这项强制性会计政策变更对原来使用完全成本法的公司的股票价格产生了负面的影响，只是会计政策变更通过什么契约成本变量对股票价格的影响，其结论有所区别。

Noreen 和 Sepe（1981）考察了 FASB 所发布的通货膨胀会计准则的整个发展形成时期，而非只简单地考察准则开始生效的时点。他们得出结论，股票市场对会计准则形成的不同阶段会分别做出不同的反应，即在 FASB 最初宣布打算强制要求推行通货膨胀会计时、后来发布推迟的决策时、最后在新的征求意见稿宣布时。

对于会计政策自发性变更，Holthausen（1981）对公司基于对外报告的目的，将加速折旧法改为直线法这一自发性的会计政策变更进行了调查。与其他有关折旧政策变更研究不同的是，他从契约成本的角度研究自发性会计政策变更对股票价格的影响。在研究方法上，他设立了一个"未预期盈利"的解释变量来控制盈余公告对会计政策变更研究的干扰。研究结果并未表明折旧方法的自发性变更会通过债务契约、管理报酬计划、政治成本对股价产生预期的影响，这似乎证实了自发性会计政策变更不会产生经济后果的假设。20世纪90年代，Amir、Harris和Venuti（1993）等也作了类似的研究。

2. 会计准则经济后果的动因检验

Watts和Zimmerman（1986）引入经济学的契约理论，指出会计准则之所以有经济后果，主要是存在报酬契约、债务契约和政治成本。无论是报酬契约、债务契约还是政治成本通常都以公司盈利为考察的主要依据，而在同一会计准则下不同会计政策的选择对净利润有着直接影响，因此对公司管理者的决策行为也会产生潜在的影响，进而影响公司价值，成为会计准则经济后果存在的动因。Watts和Zimmerman系统地阐述了报酬契约、债务契约和政治成本这三大假设，为实证研究人员引入变量，检验假设提供了一个研究框架。

针对Watts和Zimmerman的三大动机假设，大量的实证研究随之展开。政治成本和债务契约对会计政策的影响效应是相反的，因此有效的检验应力图解释企业的整组会计程序。1981年，Zmijewski和Hagerman率先利用会计政策的组合选择问题，对三大假设进行了实证研究。他们首先假设某一给定会计政策组合的盈利影响程度对所有企业都相同，然后利用盈利策略法对影响程度人为赋值，进而估计出各个契约变量对管理人员选择会计政策组合的影响。Zmijewski和Hagerman调查了企业的四种会计程序的组合形式，包括存货的先进先出法和后进先出法；固定资产的直线折旧法和加速折旧法；投资减免税的全额冲销法和递延法；退休金成本摊销期限在30年以上、小于或者等于30年的会计政策的组合。他们的研究证明，管理人员对某一会计政策组合的选择，取决于是否存在着以盈利为基础的报酬计划、企业的负债与权益比例、企业规模和所处行业的集中程度等，所获得的证据与上述三个假设是吻合的。不过该研究的假设条件过于苛刻，各种会计政策对盈利的影响程度对不同企业而言大不相同，因此这种人为假设与赋值的方法与现实情况存在明显差异，带有较大的主观随意性。针对该文的研究缺陷，Healy（1985）在提出利润操纵测量模型的基础上，进一步研究了报酬契约与会计政策选择。Healy 模型假定：企业各年的非操控性应计利润稳定，估计期各年的操控性应计利润遵循随机游走的特点，从长期来看，估计期的操控性应计利润总和为零。Healy 模型的一个重要缺陷是忽略了公司的成长因素，而事实上，公司的应计利润往往会随公司的成长而增加。

更多的文献则是通过单个会计政策进行。例如，Dyckman（1979）对石油天然气公司油井勘探成本核算的会计政策选择问题进行了研究，实证结果证实了债务契约假设和政治成本假设在石油天然气公司是成立的。Dhaliwal、Salamon 和 Smith（1982）对折旧会计政策选择问题进行了研究，发现结果与三大假设相一致；Daley 和 Vigeland（1983）对研究开发费是否资本化的会计政策问题进行了研究，发现结果与报酬契约假设相一致。此外 Bowan、Noreen 和 Lacey（1981）对利息资本化的会计政策选择问题进行了研究。对单一会计政策的选择问题所进行的实证研究，结果大多数与三大假设一致，但也存在研究结果相互矛盾的情况，原因可能是企业可以利用一组会计政策的选择进行盈余操纵，而不一定局限于某一特定会计政策的选择，因此利用单一会计政策的选择来检验三大假设有一定的局限性。

3. 会计准则国际趋同的经济后果

自 2001 年国际会计准则委员会改组为国际会计准则理事会以来，他们在全世界范围内大力推广其制定的国际财务报告准则（IFRS），迄今为止已有包括欧盟、中国等 130 多个国家和地区采用 IFRS 或者宣布与之趋同。针对会计准则国际趋同的经济后果，学者们进行了大量的实证研究，主要集中在对会计信息质量和资本市场的影响两方面。

关于会计准则国际趋同是否会提高会计信息质量,学者们没有取得一致的结论。Barth 等(2008)以 21 个国家(包括中国)的上市公司作为研究样本,发现这些公司采用 IFRS 后普遍盈余管理减少,损失确认及时,会计数据更具有价值相关性。Hung 等(2007)以德国企业为例,发现德国首次按照 IFRS 要求披露的企业与那些没有采用 IFRS 的企业相比,会计数据的价值相关性并没有明显不同。Landsman 等(2011)发现采用 IFRS 国家的企业比执行本国会计准则的企业盈利公告的信息含量有所增加,Ahmed 等(2012)的研究并没有发现采用 IFRS 国家的企业比执行本国会计准则的企业会计信息质量存在明显的不同。

关于会计准则国际趋同对资本市场的影响,Hail 等(2007)对欧盟强制采用 IFRS 对资本市场的影响进行了全面的实证研究,发现采用 IFRS 的企业其资金成本都低于非 IFRS 公司的资金成本。Bissessur 等(2012)研究了澳大利亚强制采用 IFRS 后股市同步性的变化,发现股市同步性在采用 IFRS 的头两年降低了,这支持了 IFRS 更能反映企业特质和更具可比性信息的假设。Amiram(2012)、Florou(2012)的研究均发现,强制采用 IFRS 后外国投资者和机构投资者持股比例增加了,说明采用 IFRS 对资本市场的投资行为产生了显著影响。

二、国内研究综述

从目前国内的相关研究来看,早期的研究多集中于讨论会计准则国际化趋势及其对我国的影响,从而为我国制定和完善会计准则提供了参考,准则制定机构几乎不考虑经济后果,因而从经济后果角度研究会计准则制定问题的文献并不多。随着资本市场的发展,我国会计准则无疑也具有很强的经济后果。尤其是新准则颁布实施以后,对会计准则经济后果的关注和研究逐渐丰富了起来。

(一)规范研究

在对会计准则经济后果的规范研究上,我国学者多以 Zeff 提出的经济后果论为起点展开论述。代表性的研究成果如下。

葛家澍、刘峰（1996）认为：会计准则的经济后果使会计准则不再是一种纯粹的技术手段，不同的准则将生成不同的会计信息，从而影响到不同主体的利益，包括一部分人受益，另一部分人受损。

刘峰（1996）针对我国各界参与会计准则制定的实际情况，率先提出我国会计准则制定中的"游说不足"现象，并对其进行了分析和评论。

雷光勇、刘金文、柳木华（2001）认为：会计通过资本市场对资源配置作用的本身就说明了会计天然就具有经济后果。会计或会计准则的经济后果就应该是指各社会经济主体通过利用会计信息在他们中间进行财富的非公平性转移而带来的社会性后果，当然其表现就是"会计报告对企业、政府、工会、投资人、债权人决策行为的影响"，更具体的表现就是一个公司会计政策的选择对其市场价值产生影响。

刘小年、吴联生（2001）认为经济后果是相对于信息中立而言的，信息中立观导致了寻求会计准则客观、有序、系统并且内在逻辑一致的研究思想，而经济后果作为会计的特征之一，至少在复式簿记出现不久就被人们所认识和运用，并一直伴随着会计的发展。他们将经济后果区分为确认、计量环节的经济后果和财务报告环节的经济后果，如果确认和计量环节已经考虑经济后果，则财务报告一定是有经济后果的，但如果确认和计量环节已经均衡了所有利益相关者的特殊经济后果，则经济后果与信息中立又是统一的。他们认为应当在确认和计量环节坚持信息中立，报告方面首先坚持信息中立，然后考虑经济后果服务于不同对象。他们还反对利用会计信息披露的经济后果去完成一些非会计目标，如保持更强竞争力或扶持更多的新兴公司等。

陈华（2002）通过对美国会计准则制定机构考虑经济后果的原因分析和会计准则制定机构考虑经济后果的利弊分析，指出经济和社会影响作为会计准则制定中的一个独立问题已不再被忽视。准则制定机构应把注意力集中在其专业技能被认可的领域，但同时也要研究其对经济和社会福利的负面影响,因此,会计准则制定机构必须小心地在这两者之间进行权衡。

曲晓辉、陈瑜(2003)从会计准则的经济后果出发,讨论了会计准则制定的政治化问题,并以此为基础对会计准则国际发展的利益关系进行了探讨。卓毅、胡春香(2003)认为不同的准则制定机构出于自身利益会倾向于扩张自己的准则制定权,并围绕准则制定权展开争夺。在不同的准则制定权的配置格局下,权力之争会对准则的供给产生直接影响。另外,吕博(2000)、林钟高、赵宏(2001)等许多学者还关注到会计准则制定中的寻租活动,并做了相应的研究。

(二) 实证研究

和国外研究类似,我国对会计准则经济后果的实证研究也主要是通过会计政策选择的动机和经济后果来进行论证。在颁布新会计准则以前,这类研究还比较少见,新会计准则颁布以后逐渐丰富了起来。代表性的研究包括以下内容。

孙铮、王跃堂(1999)通过研究说明,我国上市公司存在着包括利用会计政策选择等手段操纵会计利润的现象:①"10%现象"。上市公司为了达到最近3年平均净资产收益率不低于10%这一"圈钱"配股底线,不惜代价采取各种手段力保,于是出现了耐人寻味的"10%现象"。②微利现象。前一年或二年亏损的上市公司,为了免受特别处理或摘牌的处罚,采取种种手段使本年净资产收益率保持微利水平,只要不亏损就行。③巨亏现象。对于无法做成盈利或是首次加入亏损之列的上市公司,为给下一年扭亏"留一手",有意做成巨亏,以免第二年连续亏损而被特别处理,对于无法摆脱被特别处理命运的公司,则做大亏损清洗以前年度累积的包袱,为下一年扭亏逃脱摘牌厄运埋下伏笔。以上种种行为,无一不是上市公司为了逃避市场监管实现于己有利的经济后果,与政府监管部门和其他利益相关者博弈斗争的表现。

陆建桥(1999)进行了中国亏损上市公司盈利管理实证研究,提出了五个假设:①亏损上市公司在首次出现亏损的前一会计年度会做出能调增收益的应计会计处理；②亏损上市公司在首次出现亏损的年度会做出能调减收益的应计会计处理；③亏损上市公司在扭亏为盈的年度会做出调增收益的应计会计处理；④亏损上市公司主要通过调剂应计利润额来达到盈利管理的目的；⑤亏损上市公司在其亏损及其前后年度利用营运资金项目进行盈利管理。其中除假设③未获支持外，其余假设都获得了检验。

王跃堂（2000）以三大减值政策（短期投资减值、存货减值和长期投资减值）的选择为例，从契约理论的角度结合我国政治和经济环境特殊性，对上市公司会计政策选择的行为及其经济动机进行了研究。1998年颁布的《股份有限公司会计制度》规定：对于计提三大减值准备会计政策在A股公司自愿执行，在B股等外资公司强制执行。他发现，选择与未选择三大减值政策的两类公司的特征有系统偏差，具体表现在负债率、公司规模、配股现象、扭亏现象、特别处理、公司治理结构、经营状况、审计意见（注册会计师的审计监督能够影响会计政策选择）等特征变量上有显著差异。同时他还指出，决定我国上市公司会计政策选择行为的，不仅包括西方经济后果学说中的薪酬计划变量、债务契约变量以及带有中国特色的政治成本变量，而且还包括我国经济环境所特有的制度因素，如证券市场的监管政策（配股政策、特别处理政策、暂定交易政策）、公司治理结构、公司经营和财务状况水平以及注册会计师的审计监督等。

李增泉（2001）进一步的研究发现，当上市公司面临是否计提减值准备时，一般不予计提，而当被要求强制计提时，具有扭亏动机、配股动机和临界动机的上市公司一般会选择增加（或不减少）当期会计收益的资产减值政策，而具有亏损动机、高管变更动机和利润平滑动机的上市公司则一般选择增加（或不减少）未来期间收益的资产减值政策。

其后，王跃堂、孙铮和陈世敏（2001）研究了1998年财政部颁布实施《股份公司会计制度》后，股份公司的会计政策选择在资本市场上的表现。他们的研究发现新制度公告对市场有显著影响。他们在调查和排除了可能对市场产生影响的其他要素的干扰后，发现市场在公告日前的第二天开始对新制度的出台有所预期，但是被市场认为是坏消息，致使股价显著下降；然而，市场在公告日开始根据具体的改革措施对新制度的预期做出调整，并开始将新制度视为好消息，致使股价显著上升。这一前后似乎矛盾的现象，他们认为可能是投资者对新制度的预期随着认识的深化而转变，这可能与媒体的宣传和解读有关。他们还进一步发现，与强制执行的管制方式相比，自愿执行的管制方式被市场认为是好消息，这一现象在新制度公告日前的第二天开始显现，并在公告日得以进一步证实。此外，他们还发现强制性会计政策变更有经济后果，它通过公司规模、监管政策和公司治理结构对公司的股价产生影响，但是公司规模的影响与西方政治成本假设正好相反；自发性会计政策变更无经济后果，这一结果说明，西方有关市场能够预期到公司自发性会计政策变更的假设在中国也是成立的，由此可以说明中国的投资者是相当精明的。

陈冬华、陈信元（2003）以世纪星源的非货币性交易为例，对我国会计准则制定进行了一项案例研究。研究结果发现，会计准则的制定不仅是会计层面的技术问题，而且是关乎利益协调的问题。

黄世忠等（2004）以企业合并会计为研究对象，认为我国的融资和监管环境严重依赖于以会计利润为基础的财务评价和监控体系，上市公司的融资能力、融资成本以及上市资格的维护，在很大程度上取决于它们对外报告的账面利润。因此，在这种独特的融资和监管环境下，企业合并会计下对购买法和权益法的选择不仅具有明显的会计后果，而且具有严重的经济后果。

刘斌、胡媛（2006）从三大契约动因的角度对公司组合会计政策选择的行为进行了实证研究。研究结果发现，报酬契约和债务契约对企业组合会计政策选择的影响方向与预期一致，即报酬契约和债务契约的存在会增加公司当期的报告盈利，而政治成本的检验得到与假设相反的结果，即规模越大的公司越倾向于选择提高当期盈余的组合会计政策，这源于我国企业所处的特殊政策环境。

郭旭芬（2006）利用2001年《企业会计制度》颁布及实施的

机会进行了会计制度变更的市场反应实证研究。研究结果发现：《企业会计制度》的颁布向市场传递了信息，短期市场反应有一个从消极向积极转变的过程；会计制度变更在2001年半年报《企业会计制度》的具体实施中主要通过配股倾向虚拟变量、扭亏倾向虚拟变量对新计提公司的股价产生影响；会计制度变更在2001年年报《企业会计制度》的具体实施中主要通过主营业务变量对新计提公司的股价产生影响，主营业务的变量对新四项计提市场反应的解释能力增强，表明会计规范改革能更好地反映上市公司的盈利质量等真实状况，《企业会计制度》的具体实施在一定程度上提高了关注公司盈利能力的价值投资理念的市场影响力。

叶建芳、周兰、李丹蒙（2009）主要关注了交易性金融资产和可供出售金融资产的确认和计量。实证结果发现：在初始划分点，持有两类金融资产较多的公司倾向于将金融资产划分为可供出售金融资产以获得更多的选择空间，为盈余管理和收益平滑提供"蓄水池"；在持有期间，盈利情况不好的公司，会利用处置可供出售金融资产进行盈余管理和平滑收益；盈利情况好的公司，则倾向于将可供出售金融资产中含有的作为资本公积的未实现利润留存到以后年度实现。

陆正飞、张会丽（2009）研究了新旧准则下合并报表净利润与母公司报表净利润之间的差异相对于合并报表净利润的增量信息含量的变化。实证结果显示：在新会计准则下，该差异的决策相关性显著提高，并能提供合并报表净利润之外的增量信息含量。此外，子公司盈余信息的释放，为投资者的股票定价决策提供了额外信息。

王成（2008）、徐桂萍、程书强和杨娜（2010）等均对新会计准则中可能对盈余管理有影响的会计科目进行了考察分析。研究结论如下：一方面，新会计准则中的投资性房地产、同一控制下的企业合并、非货币性资产交换、债务重组等方面引入公允价值计量，增强了上市公司盈余管理的弹性。固定资产、无形资产、资产减值准备、存货、所得税、借款费用、金融资产等政策的变更可能仍为企业盈余管理活动留有空间。另一方面，新会计准则关于长期资产减值、存货、合并报表政策的变更在一定程度上起到了遏制盈余管理活动的作用。

罗进辉、李超（2010）、周冬华（2011）等对新资产减值准则的经济后果进行了实证研究，发现新资产减值政策的确在非流动资产减值准备的转回方面遏制了上市公司的盈余管理行为，但是上市公司却更多转向通过流动资产减值准备的计提与转回来进行盈余管理。

三、简要述评

虽然学者们对会计准则经济后果的研究进行了不懈的努力，取得了许多有用的成果，但必须看到现有的经济后果研究存在两个方面的局限性。首先，绝大多数的研究关注特定团体的决策行为，研究目的是确定会计管制所引起的行为变化，而不是考察可能发生影响的整体范围，或者追溯决策变化的结果到它们对收益分配或资源配置的影响。其次，几乎所有的研究都是在本国进行的，不同国家在管制的性质和传统以及会计信息的使用等方面都存在差异，因此将其纳入其他国家环境下加以解释就必须非常小心，没有意识到这一点，就可能会做出错误的解释。

第三节 研究思路与主要创新

一、研究思路

本书共分为五章。各部分具体的结构安排如下。

第一章，导论。通过阐述会计准则经济后果在美国和我国产生和发展的背景，指出了经济后果对会计准则制定的重要意义，并分别从国外和国内两个角度对会计准则经济后果研究的文献进行了回顾和综述。

第二章，会计准则制定经济后果的契约理论。这是本书的理论基础。首先对会计准则经济后果的基本概念进行了论述，之后重点从契约理论的角度阐述了会计准则经济后果产生的原因，并进一步指出会计准则的经济后果会导致会计准则制定的政治化，为接下来的研究打下坚实的理论基础。

第三章，会计准则制定经济后果的历史考察：以美国为例。通过阐述美国会计准则制定机构的变迁、美国会计准则制定导向的演变以及美国若干会计准则经济后果典型案例，指出经济后果一直影响着美国会计准则的制定并具体分析了美国针对经济后果所采取的相应措施。这既是对第二章理论分析的有效验证，也是为我国会计准则的制定提供借鉴。

第四章，会计准则制定经济后果的现实状况：基于我国经济背景。从我国经济背景出发，以新会计准则为对象，以所得税会计准则为例详细阐述了新会计准则的经济后果，并对我国会计准则经济后果进行了理论分析，提出了改进措施。

第五章，会计准则制定经济后果的国际影响分析。从经济全球化角度出发，阐述了会计准则国际趋同的经济后果主要表现为会计准则国际趋同的收益和成本，指出争夺国际会计准则制定权是实现本国利益最大化的途径。在分析我国会计准则国际趋同收益和成本的基础上提出了我国会计准则国际趋同的策略。

二、主要创新

本书的创新之处主要在于以下几点。

（1）本书从契约理论的角度系统探讨了会计准则经济后果产生的动因，并由此指出了会计准则制定的政治化问题，丰富了我国会计准则经济后果理论。

（2）与目前大多数学者侧重于对会计准则执行后的经济后果进行研究不同，本书研究的重点在于经济后果对会计准则制定的理论影响，试图从会计准则制定层面为我国会计准则制定提供一个整体框架。

（3）本书将会计准则国际趋同的经济后果划分为收益和成本，

指出会计准则国际趋同的经济后果主要表现为一国在国际趋同进程中的收益和成本,这在一定程度上细化了会计准则国际趋同的经济后果。在反复衡量我国会计准则国际趋同收益和成本的基础上提出了我国会计准则国际趋同的策略。

第二章 会计准则制定经济后果的契约理论

第一节 会计准则经济后果的基本概念

一、会计准则的含义及性质

(一) 会计准则的含义

会计准则一词来源于会计原则①,最早出现在1890年美国的会计文献中②。20世纪30年代席卷世界的经济大危机造成的证券市场的混乱和会计信息的严重失真促成了会计准则的产生。对于会计准则的定义,西方国家是从狭义和广义两个角度进行阐述的,美国注册会计师协会会计术语委员会早在1953年公布的第1号《会计术语公报》第16段指出:原则是"所采纳的或宣称的一般法则,当作行动的指针、行为或实务的一个确定的基础……"③。这是美国会计职业团体对会计原则所下的最早定义。从这个狭义的定义来理解,会计准则是指得到公认的处理会计实务的指导方针,其

---

① 虽然会计准则、会计原则之间有差异,但在本书的论述中不对此作区分。

② 1890年,美国莫里(E. D. Moore)在《账户科学原则》一书中曾采用"原则"一词。转引自陈元燮:《会计准则》,西南财经大学出版社,1991年。

③ 丁文拯:《美国会计师公会财务会计准则》,大中国图书公司,1979年。

主要用来指导那些基本的、具有普遍性的事项，很少给出具体会计业务的操作方式。而美国学者 P. H. 沃尔金巴克著的《会计原理》一书却从更广义的角度对会计原则下了定义，认为"公认会计原则这个用语具有一种会计指导方针的广泛含义，从最基本的观念、准则直到详细的方法和程序，它包含财务会计和财务报告每一方面的原则。"显然，从广义的定义来看，会计准则不仅仅指得到公认的处理会计实务的指导方针，还包括关于处理会计实务的具体方法和程序。也就是说，广义的会计准则不仅具有方针性，而且还具有操作性，即具体规定出对各种会计业务的操作方式。

我国会计理论界关于会计准则的定义，主要有以下几种看法。

杨纪琬认为：会计准则一般是指财务会计准则，从这个前提出发，会计准则一般是指进行会计核算工作的规矩，处理会计业务的准绳。

娄尔行等认为：会计准则是会计实践的经验总结，是指导会计工作的规范。

葛家澍认为：企业财务会计准则是企业会计核算的规范。

刘峰认为：所谓会计准则是会计人员执行会计活动所遵循的规范和标准，也是对会计工作进行评价、鉴定的依据。

尽管以上各位学者的观点表述不一，但我们从中可以看出，会计准则是一种指导原则和行为规则，这些原则和规则涉及会计确认、计量及报告行为。因此，我们认为，会计准则是规范会计信息生产和传输的一般原则和具体标准，是对会计的确认、计量、记录和报告方面的规范。

会计准则作为一个规范体系，其内容组成通常也有狭义和广义之分。狭义的会计准则通常是指冠以"会计准则"之名的一套文件。例如，国际会计准则委员会发布的《国际会计准则》（IAS）和《国际财务报告准则》（IFRS），美国财务会计准则委员会发布的《财务会计准则公告》（SFAS），我国财政部发布的《企业会计准则》等。广义的会计准则除上述狭义的会计准则外，还包括规范会计实务的各种法规、制度以及解释说明等。例如，广义的国际会计准则除 IAS、IFRS 外，还包括常设解释委员会（SIC）及国际财务报告解释委员会（IFRIC）发布的解释公告；美国通常将广义的会计准则称为公认会计原则（GAAP），包括美国财务会计准则委员会颁布的财务会计准则公告、技术公告等。本书所探讨的会计准则使用狭义的会计准则概念。

(二) 会计准则的性质

一般认为，高度发达的市场经济，导致会计信息的需求者和供给者相互独立、分离，而且会计信息的经济利益内涵更使其存在着矛盾，因此会计准则的产生就是为了从根本上协调这种矛盾。由于不同学者的认知差异和经济环境的变迁，对会计准则性质的认识有以下两种代表性观点。

1. 技术观

技术观是20世纪30年代西方国家的主流观点。从历史发展来看，会计准则的出现主要是源于过于自由的会计实务给社会经济带来的巨大危害。人们制定会计准则的最原始、最核心的目的就是要规范混乱的会计实务，会计准则的性质就是用以规范会计处理实务的一系列规则。Paton 和 Littleton（1940）在他们的《公司会计准则绪论》中写道：会计准则应"有序、系统、内在一致，应能与可观察的客观现实相吻合；它们应是不受个人所左右的，无偏见的"。因此在技术观看来，会计准则是一种纯粹的技术手段，是一种纯客观的约束机制或者规范，其存在的目的是使会计实务处理达到科学、合理、内在一致。从这个思路出发，会计准则有效性应该经得起检验，如能打破国界，普遍适用于各国，且不同组织形式、不同行业所适用的会计准则应该是一致的，是放之四海皆准的通用性商业语言。显然，这种观点强调的是会计准则的客观性、真理性，会计准则是加工、生成会计信息过程中的一种"工艺规程"，就像加工制造其他商品的操作指南一样。

2. 经济后果观

经济后果观的出现始于20世纪70年代。从表面上看，会计所生产、提供的只是一些不同数字和文字的排列与组合，会计准则似乎是一种纯粹的技术规范。但深入到数字的背后，它还代表了一定的经济利益，表现为会计信息体现并调整着利益相关者之间的利益关系，不同的会计信息将对利益相关者产生不同的影响。会计信息是根据会计准则生产与提供的，不同的准则规定会使会计信息的内容有所不同，从而进一步影响到各利益相关者的利益分配格局，因此会计准则是有经济后果的。因此，在经济后果观看来，会计准则不再是一种纯粹的技术规范，不同的准则将生成不同的会计信息，从而影响到不同主体的利益，它将使一部分人受益，另一部分人受损。20世纪70年代兴起的实证会计研究也认为：企业选择一种、放弃另一种会计准则，同样是出于自身利益追求的考虑。会计准则具有经济后果，所以它的制定过程必然为各利益集团所关注并积极参与，从而使得会计准则的制定类似于国家的其他法规、政策的制定，成为一个政治过程。这样，最终颁布的会计准则既要遵循会计本身的基本原则，又要考虑经济后果，最终出台的会计准则将是各方力量博弈的结果。

会计准则的技术观和经济后果观存在着本质的差异。技术观是建立在一套基本理论上的系统、完整、有序的方法体系，它必须通过制定会计准则来规范财务会计实务，使其达到科学、合理和内在一致。因此，会计准则的制定应首先研究财务会计的基本概念及其相互关系，解决在处理实务中前后概念的一致性、规范性及其逻辑性，然后在此基础上制定会计准则，使其能够达到有序、系统和内在一致，并与可观察的客观现实相吻合。因此技术观是在制定出一套完善的会计准则框架基础上，从理论出发演绎出会计准则。而经济后果观认为，技术上完美的会计准则，未必会得到社会各界的广泛认可而被执行，许多从理论上看似能够导致真实而公允披露的会计准则，往往在施行之前由于各方的强烈反对而不得不妥协或者夭折。所以在会计准则的制定上，应特别注意考虑有关各方的经济利益。从这个角度出发，持经济后果观的人在制定准则时，往往回避提出一套完整的会计准则框架，而只是就事论事，具体讨论某一准则的经济后果问题。虽然技术观和经济后果观存在着差异，但两者并不矛盾。事实上，技术观下的会计准则必然会产生一定的经济后果。这是由于经济业务的不确定性、会计本身的局限性及争议性，我们无法规范所有经济业务的会计处理。即使是在技术观下，会计准则规定的灵活性以及会计人员的职业判断也是必需的。正如美国注册会计师协会的会刊 *Journal of Accountancy* 发表的编者按认为："会计从来不是、也不可能是一门精确的科学，注册会计师所鉴证的每项收益或损失，都是对其意见表述的一次本质计量……"① 会计的不精确性，即使是对同一经济业务也可能产生不同的会计信息，所以企业的利益相关者都有动机利用会计信息产生更有利于自己的利益分配格局，企业组织一出现，这个利益冲突就不可避免。同时，在经济后果观下，会计准则也要遵循基本的技术规范，"如果要求会计实现超出单纯性计量的目的，将会失去会计的可信度，从而影响会计自身存在的价值。"② 因此，经济后果观不是对技术观的全盘否定，而是要求在会计准则的制定过程中不能单纯从技术角度出发，把技术性作为唯一标准，还要尽可能地兼顾各方利益，并应侧重考虑会计准则对社会相关各方经济利益的影响。

二、会计准则的经济后果

（一）会计准则经济后果的含义

目前被广泛引用的会计准则经济后果的含义来自于美国学者 Stephen A. Zeff。1978 年，Zeff 在其《"经济后果"学说的兴起》一文中指出，从 20 世纪 60 年代起，美国会计界开始意识到会计信息的经济影响。所谓经济后果，按照 Zeff 的理解，是指"会计报告对企业、政府、工会、投资人和债权人决策行为的影响。这些个体或团体行为的后果被认为可能影响其他团体的利益。"此外，美国其他学者如 William R. Scott（2000）认为"经济后果是指无论有效证券市场的理论含义如何，会计政策的选择会影响公司的价值。"William H. Beaver（1981）指出，财务呈报有许多潜在的经济后果，

---

① 转引自刘峰：《会计准则变迁》，中国财政经济出版社，1996 年。
② 转引自陈华：《经济后果观与美国会计准则的制定》，《财会月刊》，2002 年第 4 期。

并将其归纳为：财务分配、所招致的累计风险与风险分布、累计消费和累计生产、资源配置、公开提供信息的资源、规范的资源、民间搜集信息的资源。

从以上各学者的定义可以看出，会计准则最直接的经济后果就是按照会计准则生成的会计信息会影响到不同利益集团的利益。不同的准则将生成不同的会计信息，而会计信息本身并不会改变企业的真实经营业绩，不会新增企业财富，因此会计准则的经济后果对各利益集团的影响是在不改变社会总财富的情况下，社会既得利益在不同利益集团之间的重新分割，其表现自然就是"会计报告对企业、政府、投资人和债权人决策行为的影响"，而且这种影响使会计信息具备了财富分配效应和决策效应，并通过市场机制这根"无形的指挥棒"指引社会资源的配置。因此，我们认为会计准则的经济后果是指按照会计准则的要求所编制的财务报告会影响会计信息使用者的既得利益和决策行为，从而影响社会中经济利益的分配及经济资源的配置。其内涵主要包括以下几点：①会计准则是一份公共契约，旨在敦促企业通过一套通用的财务会计报告向投资者提供决策相关的会计信息（谢德仁，2001）；②会计准则在一定程度上限定了企业管理当局对会计政策的可选择域（杜兴强，2003）；③遵循会计准则编制的财务报告所披露的会计信息会影响各个利益集团的既得利益和决策行为。

会计准则（信息）的经济后果在早期的会计著作中就已经有所涉及，根据1494年巴其阿勒《簿记论》中所述，"第五章中的分类账还讲了一些特殊分录，诸如与市政机构、银行、贸易行的往来账目，以及以货易货、合伙经营的分录等。当时已发现不少人设两套账簿，经呈递商务官验证了的才是合法账簿……但政府官员对账簿所做的检查，只是检查账簿记录的真实性。"之所以设两套账，当然就是为了利用这两套账所产生的不同经济后果。由此可以发现即使是在复式簿记产生之初，会计信息的经济后果就已经引起了人们的高度重视。此外，英国1844年的《公司法》就规定资产负债表必须是"充分与公允"。这里"公允"的要求显然是从经济后果角度出发的，希望会计信息能公允表述企业的财务状况和经营成果，以保证会计信息不偏袒某一方的利益而损害另一方的利益。英国对这一思想的不断补充和发展，形成了今天"真实与公允"的观点，可以说在相当程度上考虑了会计信息的经济后果。

(二) 会计准则经济后果的表现

1. 微观经济后果与宏观经济后果

从微观上看，会计准则的经济后果会涉及与企业相关的所有信息使用者，包括股东、债权人、高层管理人员、中低层员工等。会计准则的实施会影响这些信息使用者的决策，影响相关利益主体之间经济利益的分配。会计准则对信息使用者的影响主要包括：第一，对公司财务报告的接受者如股东和其他投资者的影响，比如针对不同信息内容的财务报告，股东会做出不同的抉择；第二，对"搭便车者"的影响，由于会计信息是一种公共物品，在会计主体提供会计信息时，不仅法定使用者会获取信息，而且对它的竞争对手、供应商、顾客、劳工等非法定财务报告的接受者也产生影响；第三，对报告公司自身的影响，报告公司为了取得市场的正面评价，可以选择使财务报告更"漂亮"的经济行为。

会计准则不仅具有微观经济后果，而且还具有宏观经济后果。David M. Hawkins（1973）在一篇题为《财务会计、准则机构和经济发展》的演讲中提出："联邦政府越来越意识到公司报告的行为性影响及其宏观经济后果……公司报告准则应当能引导个体经济行为与国家宏观经济目标相一致……公司报告准则应产生对经济决策有用的信息，前提是会计准则要符合政府宏观经济目标和经济计划，以便于达成这一目的。由于（财务会计准则委员会）具有影响经济行为的权力，它就有义务支持政府的经济计划。"[①] 刘峰（1996）认为，会计准则会影响国家宏观经济政策的制定和实施，从而成为国家利益的一部分，应该服从国家的宏观计划需要。会计准则对国家宏观经济利益的影响，主要表现为以下几点。其一，影响国家的税收收入进而影响财政收入。例如，不同的资产计价方

---

① 转引自刘峰：《会计准则研究》，东北财经大学出版社，1996年。

式、损益确定的期间和会计政策、会计估计变更对损益的调整等都会影响当期的会计收益和应税收益,从而对税收产生影响并进而影响到财政收入。其二,对经济增长的影响。W. Carlin 和 C. Mayer (2000) 发现,在财务会计信息质量较高的国家 GDP 增长较快,依赖外部融资的行业的研究开发投入增长也较快。Busman 和 Smith (2001) 认为,财务会计信息通过一定途径影响经济增长。具体来说,稳健性的准则会消除经济增长中的泡沫成分,短期看会降低经济增长水平,但长期看对经济健康增长却是十分有益的;而乐观性的准则则相反。其三,对证券市场的影响。会计准则对规范上市公司的会计行为,防范上市公司玩弄数字游戏、粉饰报表、操纵利润,保障资本市场的健康发展具有重要作用。此外随着经济全球化的到来,会计准则的国际趋同越来越明显,会计准则对国际资本流动、跨国公司利益变化、进出口贸易等也将产生深远的影响。

2. 直接经济后果与间接经济后果

会计作为社会资源配置的重要工具之一,其运行结果不仅具有直接的经济后果,而且也具有间接的经济后果。直接的经济后果主要是指外部各利益关系人所能取得的经济利益,在很大程度上直接受到会计信息的影响。从经济内容上来看,会计所提供的信息从数据上来看都代表了不同的经济内容。例如,资产负债表中的资产数据,代表了企业的经营规模,负债数据则反映了企业所承担的债务规模。实际上,企业外部各利益关系人所能取得的经济利益,有相当部分直接受这些会计数据的影响。例如,财务报表所反映的利润高低直接影响利润分配,改变不同利益关系人的利润份额。

间接的经济后果主要指决策主体会因为所获得的会计信息而改变其决策行为,从而获得不同的收益。关于会计准则的间接经济后果,Beaver (1981) 将其概括为:会计信息可以影响投资者决策继而影响货币资源在企业之间的分配,甚至这种影响可以扩展到不同国家或不同地区的市场对货币资源的竞争,会计信息还会影响投资者和投资者之间、企业管理当局与投资者之间的财富分配;不仅如此,会计信息还会影响社会中的资本形成率,人们可以借助会计信息来判断是选择当前消费还是选择投资(即推迟当前消费以期获得未来更大回报），等等。

3. 正面经济后果与负面经济后果

会计信息作为一种特殊的商品，因其稀缺性的特点，在其生成、传递和使用的过程中不可避免地存在着复杂的交易关系，交易双方可能的利益冲突导致了高额的交易费用。尤其是在股份公司出现以后，企业的利害关系人数量迅速增加，众多的利益相关者为了各自的利益对会计信息的生成规则进行讨价还价的费用将异常高昂。而高额的交易费用必将降低股份公司以及整个社会的效率。而通过制定会计准则来约束会计信息的生成将可以有效地节约交易费用。因此，从产权经济学的角度来说，会计准则的正面经济后果表现为是一种可以降低交易费用的制度安排。

进一步来说，会计准则除了可以降低交易费用外，会计准则对于提高会计信息的质量、优化资源配置、实现对产权的保护等方面也都具有明显的作用，主要表现在以下几个方面。第一，会计准则提高了会计信息的质量。统一、规范的会计信息有利于抑制企业随意的会计选择行为，增强了企业间信息的可比性。第二，会计准则优化了资源配置。会计准则可以帮助人们合理确定企业的经营成果，判断企业的市场价值，从而进行合理的投资。这有利于引导资源从低效率的公司流向高效率的公司，实现资本市场资源配置的优化。第三，会计准则作为特定产权制度的一种或特定社会产权制度的一个组成部分，借助于对会计行为的约束与规范，对特定企业的缔约者投入到企业的各项权利加以界定、确认和保护，实现对产权的保护。

会计准则的负面经济后果主要指会计准则制定所产生的成本，包括制定成本、实施成本和变迁成本。准则制定成本是准则在制定过程中所发生的成本，包括从形成会计准则草案到征求意见，再到公开听证会，直至最终准则颁布过程中发生的一系列显性和隐性成本。① 实施成本是指在准则制定完成后在推行过程中所发生的人员

---

① 葛家澍等：《财务会计概念框架与会计准则问题研究》，中国财政经济出版社，2003年。

培训、学习成本，以及在推行过程中可能会遭到抵制的成本。此外，当客观条件发生变化，原有会计准则可能不再适应经济的发展，因此需要对会计准则进行修订或改革，以适应新的环境要求，这样就会发生变迁成本。

第二节 契约理论与会计准则制定的经济后果观

一、契约理论的缘起

经济学自从把"契约"这一法律术语借用过来之后，对契约的界定和应用范围要宽泛的多。它不仅包括具有法律效力的契约，而且还包括一些默认的或者隐性的契约，在实质上将一切交易（无论是长期的还是短期的、显性的还是隐性的）都看作是一种契约关系，并将此作为经济分析的基本要素。[①] 在经济学的契约发展脉络中，大致可以分为古典经济学契约理论、新古典经济学契约理论和现代契约理论。

古典经济学认为人是利己的，同时崇尚自由完全竞争，所以看不见的手就成了调节市场交易的自然机制。在完全竞争理论的支配下，古典契约理论主要观点为：第一，契约是具有自由意志的当事人自主选择的结果，他们所签订的契约不受任何外来力量的干涉；第二，契约是个别和不连续的，没有持久性的通过契约建立起来的合作关系；第三，契约的即时性，由于契约的个别性，对交易当事人的权利、责任、义务作了明确的规定，协议条款是明确的，不需要对未来的事件做出规划，契约的谈判、签订、履行都现时化了。无论是在法律意义上还是在经济学意义上这都是一种理想化的契约关系，各方不关心契约关系的长期维系，只关心违约的惩罚和索赔。

新古典契约关系是基于阿罗-德布鲁范式的交易均衡，是一种长期的契约关系，当事人关心契约关系的持续，认识到契约的不完

---

① 科斯等：《契约经济学》，李风圣译，经济科学出版社，1999年。

全性和日后调整的必要；如果发生纠纷，当事人首先谋求内部协商解决，如果解决不了再诉诸法律；它强调建立一种包括第三方裁决在内的规章制度。新古典契约理论的主要观点包括以下几点。第一，契约的抽象性。契约是实现均衡的手段，任何契约既是交易当事人卖者喊价的结果，又是交易的均衡点。第二，契约的完全性。新古典契约并未考虑到和契约相关的交易成本，并认为每一契约当事人对其选择的条款和契约结果具有完全信息。第三，契约具有不确定性。同时新古典契约理论给出了将不确定性转化为确定性的模型，指出这种不确定性可通过事前和事后两类转换变为确定性契约（事前的不确定性风险可通过不同类型的保险来转换，事后的可通过第三者的事后契约调整来实现）。应该说新古典契约理论已经认识到了契约的不完全性，如事先给契约留有余地、强调契约的灵活性等，但是新古典契约理论强调建立一种包括第三方裁决在内的规制结构来解决这种契约的不完全性，所以说新古典契约理论中的契约还是完全的。

现代契约理论是在不断放松新古典经济学的基本假设（如完全市场竞争条件）而不断形成契约经济学分支的结果。在放开了完全契约理论所依赖的前提假设后，完全契约理论便演变为不完全契约理论，它建立在有限理性、信息不对称、交易费用的基础之上，并由此获得了对经济现象的现实解释力。所谓不完全契约，是指由于个人的有限理性，外在环境的复杂性、不确定性，信息的不对称性和不完全性，契约当事人或者契约的仲裁者无法证实或者观察一切，造成契约条款是不完全的。在不完全契约情况下，不可能把所有可能发生的未来事件都明确写入契约条款中，已有的契约条款也不意味着在未来都能得到完全的执行。当完全市场竞争模式的条件不能满足时便会引起契约不完全，即存在"契约失灵"①。不完全契约的存在是有客观原因的。一是有限理性。由于人的理性是有限的，在外在环境不确定的情况下，是无法完全预测未来可能发生的所有情况，更不可能将所有未来可能发生的事件都写入契约

---

① 罗伯特·考特等：《法和经济学》，上海人民出版社，1949年。

中。二是交易成本的存在。如果订立完备契约的成本太高，甚至有时会高于契约带来的利益，那么要订立一份完备契约就不符合成本效益原则。此外，信息不对称以及机会主义的存在，使得订立一份完备契约变得不可能。正如克莱因教授（1980）所说，契约的不完全性有两个主要原因：一是不确定性意味着存在大量可能的偶然因素，并且要预先了解和明确针对这些所有可能的反应，其费用是相当高的；二是履约的度量费用也是很高的。

二、现代契约理论解读

从内容来看，现代不完全契约理论主要有企业契约论、制度契约论、财务契约论、劳动契约论以及委托代理契约理论等。其中，企业契约理论、委托代理理论和财务契约论与会计的形成与发展有着尤为密切的联系。

（一）企业契约理论

企业契约理论始于科斯1937年的经典论文《企业的性质》，后经拓展形成完备的理论体系。该理论将企业视为"一系列契约的联结"，认为企业的组织行为是"若干契约的形成过程"，因此企业必定具有契约性。科斯指出，传统经济理论的一个重要缺陷在于假设市场交易成本为零，而事实上"利用价格机制是有成本的"。在价格机制下，每个交易参与人都需要与另一个参与人缔结契约。在这一过程中，存在着价格发现成本、谈判成本和缔约成本等交易成本。而在企业内部，某一生产要素不需要与其他合作的其他生产要素缔结契约，企业的"一次性、长期的契约"代替了市场交易各方的"一系列、短期的产品契约"，因此"当存在企业时，契约不会被取消，但却大大减少了"。另外，雇主与雇员之间是一种长期合同关系，长期合同条款不易明确，因此允许一方拥有对交易条款的决定权。正是因为契约数量的大量减少和以权力指导资源配置的方式，价格发现成本、谈判成本和缔约成本被大量节省，从而节约了交易成本。因而企业存在的根源是能够实现交易成本的节约，企业的根本特征在于它是作为价格机制的替代物出现的，企业的本质是一种和市场相区别的交易活动的契约形式。

沿着科斯的思想路径，学者们从各个角度对企业契约进行了深入研究。阿尔钦和德姆塞茨（1972）的团队生产理论指出企业契约中所存在的团队生产与监督问题。他们认为，企业实质上是一种团队生产方式。团队生产指一种产品是由若干个集体内成员协同生产出来的，而且任何一个成员的行为都将影响其他成员的生产率。最终产出物是一种共同努力的结果，每个成员的个人贡献不可能被精确地分解和观测，因此不可能按照每个人的真实贡献去支付报酬。这就导致了一种偷懒问题：团队成员缺乏努力工作的积极性。为了规避这种行为，就必须让部分成员专门从事监督其他成员的工作。而监督者必须能够占有剩余权益，否则他也缺乏监督的积极性。为了使监督有效率，监督者还必须掌握修改合约条款及指挥其他成员的权利，否则他就不能有效地履行他的职能。另外，监督者还必须是团队固定投入的所有者，因为由非所有者的监督者监督投入的使用成本过高。由此，经典意义上的资本主义企业诞生了。

张五常进一步发展了科斯的观点。在其《企业的契约性质》一文中，张五常指出企业和市场是契约安排的两种不同形式，企业并不是为取代市场而设立，而仅是以要素市场替代产品市场，或者说是用"一种契约替代另一种契约"。市场交易的对象是产品或商品，企业内部交易的对象是生产要素。张五常认为，如果不存在定价成本，每项活动都能够被考核并加以定价，那么生产要素所有者的贡献都可以通过产品市场直接获得回报，即要素贡献由产品市场来直接考核并加以定价。但是由于"交易量大，消费者对商品每一组成部分的使用或贡献缺乏详细信息，考核种类繁多和变化着的活动的困难，同时也是因为需要把种种贡献分离开来的结果"，利用产品市场直接考核生产要素所有者贡献的代价十分高昂。降低产品市场直接考核成本的一个有效途径就是引入代理人考核来替代产品市场的考核，通过要素所有者与代理人签约而将要素使用权让给代理人，由代理人来考核要素所有者的工作并向其支付报酬，而代理人则通过产品出售获得回报。这里代理人实际上就是企业家或企业的所有者，而代理人考核的引入则意味着要素市场的出现。当产品市场的交易费用高于要素市场的交易费用时，分工就会通过要素市场来组织，此时企业就会出现。

从资产的专用性出发，威廉姆森（1975，1979，1980）、克莱因（1978）、哈特（1986，1990）等人把企业看成是连续生产过程之间由不完全契约所导致的纵向一体化实体。他们认为企业之所以出现，是因为当契约不可能完全时，纵向一体化能够消除或减少专用性资产所产生的机会主义行为。专用性资产是指在牺牲生产价值的条件下，资产可用于不同用途和由不同使用者利用的程度。当某些耐久性投资一旦形成某种特定资产以支持某些特定的交易时，所投入的资产就具有了专用性，难以转向其他用途，就是再配置资源，资产的拥有方将承担巨大的成本。与资产专用性相伴的一个重要概念是可占用的专用性资产准租（appro-priable specialized quasi-rents），它被定义为一项专用性资产在最优使用用途上的价值超过次优使用用途的价值之差。由于机会主义倾向，契约缔约双方都想占有这个准租。这将导致契约的破坏，加大市场机制运行的成本。若由企业各方联合拥有专用性资产，则可能解决企业内因机会主义带来的损失。此外，由于机会主义倾向和资产专用性特点，缔约方还会出现"敲竹杠"（hold-up）行为。由于完全的契约是不可能的，在专用性投资后，买卖双方将会把签约前的竞争转化为签约后的垄断，从而导致将专用性资产的准租金据为己有的"机会主义"行为。这种机会主义行为在一定程度上使合约双方相关的专用性投资不能达到最优，并且使合约的谈判和执行变得更加困难，从而造成现货市场的交易高成本。为了减少这种交易费用，一个合理的选择是买卖双方合并为一个企业（即一体化）。因此用纵向一体化取代市场关系，能大大减少机会主义行为和交易费用。据此，克莱因（1992）认为，一体化是既能够减少交易费用，又能够减少潜在"敲竹杠"的有效装置。

（二）委托代理理论

委托代理理论是契约理论最为重要的发展。所有权与控制权的分离引起了可能的利益冲突，导致了一个基本的契约问题，即委托-代理关系。这种关系无论从本质上看还是从形式上看，都是一种契约关系。詹森和麦克林（1976）将代理关系定义为"一种契约关系，在这种契约下，一个人或更多的人（即委托人）聘用另一个人（即代理人）代表他们来履行某些服务，包括把若干决策权授予代理人"。在这种契约下，双方都是效用最大化者，难以保证代理人总以委托人的最大利益为宗旨而行动。对于代理人来说，他不是企业的完全所有者。当管理者勤勉工作时，他承担了努力工作的全部成本，却只享有一小部分利润或者为零，故经理人员没有足够的动力去努力工作。但是当其利用职权在职消费时，却不需要承担全部成本，因此经理人员就有足够的动力追求在职消费等，但这不利于股东的目标。这样，在经理人员和股东存在利益冲突的情况下，企业的实际价值就减少了，所减少的部分被称为代理成本。为了解决这种道德风险困境，委托人就必须设计恰当的契约促使代理人的行为与委托人的目标相一致，从而实现自身利益最大化。因此委托人为了防止代理人的道德风险而发生代理成本的不可避免，委托人只能通过一定的合约安排来降低代理成本。监督和激励是委托人交替或同时使用的两种手段。

可以说，詹森和麦克林继承了阿尔钦和德姆塞茨对团队生产进行监督的思路，同时引进委托者-代理者的命题，从而提出了代理成本的问题。

（三）财务契约理论

财务契约理论的形成可以从经济学和财务学两个角度来追溯。

从经济学角度来看，财务契约问题源于科斯定理条件的放宽。在人们无法签订完全契约的条件下，产权和剩余控制权的配置会影响经济效率，与债务和股权等融资工具相关的控制权配置机制可以在适当的情况下，将企业的决策权交给那些最大化自身利益与提高经济效率最具有一致性的经济主体。因此，如何利用融资工具的清算权和控制权等特征设计最具经济效率的股权契约、债务契约和管理者报酬契约组合形成的财务契约理论，成为经济学关注的一个焦点。

从财务学角度来看，财务契约问题源于 MM 定理条件的放宽。1958 年莫迪利安尼和米勒提出了著名的 MM 定理，其基本内涵是在市场是有效的并且不存在税收和激励问题时，企业的资本结构和股利支付政策不会影响企业价值。其后财务经济学家逐步放宽 MM 定理的假设条件并对其展开深入研究，人们重点分析财务约束对降低代理成本和提高经济效率的影响。当存在信息不对称和激励问题时，债务作为一种固定索取权可以对管理者施加财务约束，能够迫使其支出企业的剩余现金，从而在客观上降低代理成本，丰富了人们对资本结构问题的理解。

总之，财务契约理论主要研究企业资本结构尤其是债务契约问题。这不仅是因为债务契约是三大主要会计契约类型之一，而且是使用会计数据、会计方法最为明显且最多的一类会计契约，它涉及会计规则的选择、会计等式的契约思想、资本结构的选择与优化及债权转股权、股权转债权等一系列重要的理论和实务问题。

（四）契约理论的核心：产权保护

虽然学者们从不同角度展开了对契约理论的研究，但从他们的研究中我们不难发现，产权既是企业契约的前提，同时又是企业契约的本质。企业是由不同财产所有者组成的，没有个人对财产的所有权，就不可能有真正意义上的企业。作为企业的参与者，他们对自己投入企业的要素拥有明确的产权，同时又希望自己的产权能得到有效保护。通过签订契约，不仅能使资源得到合理运用，更重要的是可以在一定程度上有效保护产权，保护财产所有者的利益。因此，企业契约关系的本质是企业利益相关者之间的产权关系，核心在于产权保护。

三、会计的契约特征

国外学者很早就开始从契约角度研究会计问题，会计核算法律学派创建人基卡斯基洛于 1552 年最早论及会计的契约本质。施魏克则从契约的角度来定义会计，其在 1549 年即复式簿记产生不久后就认为："会计不是别的，而是在收取、发送、购买、销售和其他情况下对商业契约和其他契约、家庭经济、收入、地租等类似业务精致地记录的描述,它能以正确而又精巧的方式无误地、很快地、毫无困难地得出最终成果"。Sunder(1997)通过分析会计在企业契约联结体中的作用,认为会计对企业契约具有建构功能;Lambert(2001)探讨了在激励契约设计中,如何运用会计数据来减少由道德风险与逆向选择引起的契约激励冲突;Mohrman(1996)研究了会计方法变更对债务契约所具有的经济后果,认为公认会计方法比非公认会计方法更能有效地减少利益相关者的缔约风险;Kirschenheiter(1999)则分析了在不同市场结构下,会计规则对最佳契约设计产生的影响,认为以市场价值为基础的会计规则要比以历史成本为基础的会计规则,更能激励代理人付出努力。这些研究表明,会计在企业契约的运行中具有重要作用,对利益相关者的利益界定与分配具有重大影响,因而是企业契约联结体的重要组成部分。

作为规制人类各种交易活动最基本的社会制度之一,契约在整个人类社会经济发展史上发挥着重大作用。随着两权分离及现代企业产权社会化程度的提高,一部分契约参与者并不一定直接参与企业的日常经营管理,信息不对称使其不能及时了解其他参与者对各自契约的履行情况,这样便需要会计把参与者的履约信息及时通报给其他契约参与者,以帮助其决定是继续留在该契约耦合体还是选择退出。因此,在契约论中,会计的目标是契约的履行与解除,会计数据经常被用于各种契约的谈判、制定、履行及监督。会计依据会计规则对交易各方经济权利与责任进行确认、计量、记录与报告,对各经营者的业绩进行评价与控制。如果没有会计,企业契约的谈判是无法取得成功的,会计的契约特征是非常明显的。

夏恩·桑德认为,"会计本身是它所帮助运作的契约组合的一部分"。为了使企业正常运转,会计承担着五个方面的职能:①计量各个主体对企业资源集合的投入;②确定并支付每个主体的约定利益;③把其他主体履行约定义务和获取约定利益的情形告知相应的主体;④帮助维持一个缔约地位和由占有者提供的生产要素的流动的市场,以使一个主体的辞职或届满不会危及企业的存续;⑤由于多方主体的契约是分期商定的，会计向所有参与者提供证实的信息的共同知识，以便进行协商和拟订契约。① 从这五项职能可以看出：会计是企业契约推行机制的必要组成部分，在整个社会契约网络中占据特殊的地位，并通过其计量、反映、资源配置和利益保护功能将企业契约的各参与主体有机地联系在一起。

从以上分析可以看出，会计在界定契约缔结者的权益方面发挥着至关重要的作用。但是作为规范会计信息生成的会计准则并不是一开始就产生的。在资本市场出现以前，企业的组织形式比较简单，股东及债权人的人数较少，不需要对会计信息进行公开披露，与会计信息相关的冲突也可以通过签订私人契约加以解决。但是在股份公司出现以后，由于股份公司的边界日益社会化，众多的利益相关者无法与管理当局就会计信息的形成签署一个意见一致的私人契约，或者说签约的成本无限大，从而导致签约的不可能。此外，在两权分离的情况下，由于道德风险和逆向选择的存在，委托人对代理人进行监督成为必要。但是在股份公司尤其是上市公司中，对于小股东而言，由于签订与执行监督的交易费用远远大于监督带来的收益，他们没有动力单独与管理者签订监督契约来对管理当局进行监督。因此，理智的小股东会持冷漠的态度观望或随时准备"搭便车"。而大股东由于占有的股份较大，有监督管理当局的积极性，但他们更有可能与管理当局合谋，利用会计政策来操纵盈余，从中受益。长此以往将极大破坏资本市场的融资功能和资源配置功能。因此，从促进资本市场健康发展的角度出发，规范会计信息，降低交易成本，建立会计准则将是一种必然选择。因此，从契约论的角度看，会计准则作为约束会计信息形成的行为规则，它是企业参与人签署的契约中的一个重要组成部分，其处理的是企业所有利益相关者规范会计信息的合同条款，其本质是一种可以节约交易费用的公共产品。

---

① 夏恩·桑德：《会计与控制理论》，方红星等译，东北财经大学出版社，2000年。

四、契约理论下的会计准则经济后果

既然会计具有企业的契约性质,那么它必然涉及契约的各个缔约方,即利益相关者。夏恩·桑德认为:"作为主体之间契约组合的企业的相关利益者包括政府、股东、经理、债权人、职工、顾客、审计人员、卖主。"这些利益相关者有着各自不同的利益需求,而且是通过契约的形式加以规定的。由于会计是作为监控各种契约关系履行的手段,"会计参与利益相关者的经济利益的契约之中,以改善它们的命运",因此这些利益相关者利益需求的满足和实现在很大程度上受到企业会计信息的影响,同时会计信息还会影响到他们的决策行为,而受影响的决策行为反过来又能损害其他相关方的利益,而不只是简单地反映这些决策行为的结果。而会计准则是作为会计信息的生产与提供的规则,不同的会计准则势必生成不同的会计信息,从而决定企业利益关系集团的利益分配格局,使一些方面受益而另一些方面受损。因此,会计准则直接影响着会计信息的生成从而间接地影响着各利益相关者,自然就有了经济后果。"任何一项会计法规的出台,总是或多或少地影响到有关方面的利益。会计法规比较重大的变动,会导致利益关系集团各有关方面利益的重新分配,并会产生相应的社会影响。"①

从本质上讲,会计准则的经济后果往往借助于企业会计政策选择来实现。Watts 和 Zimmerman(1986)根据契约理论提出了会计政策具有经济后果的主要原因包括三大假设。一是报酬契约假设。指在其他条件相同的情况下,在实施分红计划的企业中,其管理层更可能通过会计政策选择将未来的盈余转移到当期确认,以便提高其报酬的现值。二是债务契约假设。指在其他条件相同的情况下,越接近违反债务契约条款的公司,为避免违约成本,越可能选择将未来的盈余转移到现在的会计程序。三是政治成本假设。指在其他条件相同的情况下,公司规模越大,越有可能选择将现在的盈余递

---

① 曲晓辉:《试论具体会计准则及其社会影响》,《财政研究》,1997年第2期。

延到将来的会计程序，以避免因高额利润而受政府的管制。通过以上三种假设，我们可以看出会计契约对企业产生了实质性的经济后果影响，这些因素必然诱使相关利益集团对会计政策的选择高度关注，从而对会计准则的制定高度关注，以最大化其利益。

从会计准则具有经济后果这一事实，我们可以得出以下两条推论：

第一，会计准则是各利益主体长期博弈后形成的契约。正因为会计准则具有经济后果，所以各利益主体理论上都想通过各自的努力来干涉准则的具体条款，使准则对自己有利，实现自身利益的最大化，会计准则制定过程就成为各利益主体长期博弈的过程。以股东和债权人的博弈关系为例，股东总是希望公司的财富更多地从债权人转移到股东手中，提高其对企业的净资产要求权，其采取的方法有：①提高股利发放水平；②将所贷资金投资于高风险资产；③再借入具有优先偿还权的款项。对此，债权人为保护自身的利益，也会采取一定的策略防范股东的上述行为，最终双方博弈达到均衡，即制定符合双方利益的合约，在会计准则中规定：①限制股利发放水平；②限制企业的一些生产性投资，尤其是避免高风险项目投资；③对企业有关融资政策加以规定，不得任意借入具有优惠条件的款项；④要求企业定期向债权人提供财务报表等有关信息，用以评价企业的财务状况。① 不同的利益相关者在长期的斗争与妥协中，各方会达成一种均衡契约，会计准则实际上就是企业契约各方互相斗争的一个结果，是各方相互妥协的产物。当契约各方暂时达成共识时，便会使用现行的会计准则，一旦均衡遭到破坏，新的一轮斗争开始，会计准则也就需要进行相应的变革，以形成新的均衡契约。在这个过程中，契约各方博弈越充分，会计准则的制定就越有效率，会计准则的经济后果就越具有公平性和合理性。长此以往，循环往复，它所带来的经济后果也就具有了契约属性。这种契约性表现在：在社会创造的总剩余价值量一定的前提下，会计准则

---

① 王建新：《会计准则制定的博弈过程与我国会计准则》，《中南财经大学学报》，2001年第1期。

所带来的经济后果,实际上就是契约各方利用会计准则对剩余价值的一次重新分配,是一种新的契约安排,其结果会形成一份新的经济契约。由于上述契约安排也具有从平衡到不平衡、再到平衡的特点,故而协调契约各方关系以形成有效契约,也是值得我们关注的重要问题。

第二,由于会计准则具有经济后果,最完美的会计准则并不一定代表了最公允的经济后果,因此单纯从理论上寻求最完美的会计准则是不现实的。恰当的思路应该是寻求一种能达到"帕累托最优"的会计准则,以保证不同利益关系人在合理的框架下形成相对公平的均衡状态,也就是要使会计准则所具有的经济后果最公平、合理。这就要求充分考虑经济后果对准则制定层面的影响,这也是本书接下来研究的重点所在。例如,对准则制定机构来说,要具有独立性和权威性;准则制定人员组成上要有广泛性和多层次性,以能充分代表有关各方的利益,特别是社会上占优势的利益集团;准则制定程序上要具有公开透明性,要能充分听取有关各方的意见等。

第三节 会计准则制定经济后果观的延伸:会计准则制定的政治化

马克思主义政治经济学原理告诉我们,经济基础决定上层建筑,上层建筑反作用于经济基础。现实社会中的经济问题往往会上升成为一定的政治问题,这几乎是一个普遍的真理。会计准则作为一种经济资源配置手段,具有一定的经济后果,但对这一手段进行规范则需要通过政治程序来加以完成,因而会计准则最终又体现着一定的政治性。

作为一种能影响契约各方经济利益的制度,会计准则具有经济后果,因而会计准则的制定必然会引起各方的关注与参与。当一方的经济利益受到损害,其利益集团必然会诉诸政治活动,通过代表己方利益的上层建筑来对准则的制定或修订施加影响,以迫使准则制定机构改变可能对其不利的准则规定。这种政治化的契约使得会计准则的制定，类似于国家的其他法规、政策的制定，成为一个政治化的过程，而不单只是一种技术化过程。这样，最终颁布的会计准则既要遵循会计本身的基本原则，又要考虑经济后果。因此会计准则制定过程中的政治行为在很大程度上就是经济后果的直接延伸，会计准则的制定过程本身就是政治化的程序，它与政治程序中达成一项协议没什么两样；讨价还价与强势集团对最终的准则有着相当程度的影响（刘峰，1996）。

早在 20 世纪 70 年代末，美国学者 Rappaport 在《会计准则的经济影响》一文中就提出："对规范公司必须报告什么和如何描述其经济活动的准则制定过程来说，需要以一个更宽的眼界，而不是传统的技术会计角度来重新认识。会计立法者们必须具有更宽广的视野，仅仅作为一个会计专家是不够的。他们必须既谙熟会计，又能洞悉会计在经济环境中的作用及会计决策对经济环境的影响。"葛家澍、刘峰（1998）也指出，"希冀达成一种系统、完整、内在一致的准则，将永远成为完美的'蓝图'：任何政治谈判所达成的结果，都将是某些强势集团的意愿的实现。或者，不存在强势集团时，它是一种'折中'。"Zeff（2002）对准则制定征求意见过程中的"政治"游说进行了探讨，他对"政治"一词的解释是：报表编制者及其他利益相关方出于自利的（self-interested）考虑或劝说，可能会损害投资者或其他报表使用者的利益；并指出这种现象是和"经济后果"紧密相关的。从以上各学者的观点来看，会计准则制定过程中的政治行为，在很大程度上确实就是经济后果的直接延伸。

会计准则制定过程中的政治行为主要表现为会计准则制定权的政治行为和会计准则制定过程的政治行为。会计准则制定权的政治行为指各利益集团为了自身利益围绕会计准则制定权而展开的政治活动。美国会计准则制定权安排最能说明这一点。1934 年，美国国会通过《证券交易法》，授权证券交易委员会并制定会计准则，这无疑会在一定程度上损害会计职业界的经济利益。为维护会计职业界的利益，经会计职业界领袖人物的政治游说，会计职业界凭借专业知识的优势，在与政府博弈中取得准则制定权，但证券交易委

第三节 会计准则制定经济后果观的延伸：会计准则制定的政治化

员会仍拥有对准则的否决权，这一制度安排是双方利益均衡的结果。会计准则制定过程的政治行为是指各利益集团基于自身利益，通过实施各种政治策略对会计准则制定机构实施压力的行为。对于准则制定机构来说，它必须协调不同集团的利益冲突，以期寻找可获得各方面相关利益团体接受的准则。例如在美国，围绕会计准则的制定而展开的各种强大的院外游说活动，以及国会或政府对较为独立的准则制定机构施加的压力甚至对其准则的否决，就是会计准则具有经济后果的证明。在美国会计准则的制定历史上，受到政治高度干预最典型的当数20世纪80年代中期开始的股票期权准则，这是美国历史上第一次由参议院或众议院对一项纯粹的会计准则发表意见的案例。该准则从1984年的最初意向到1995年的最后发布，前后历时十年，国会为此先后举行了数次听证会，甚至克林顿总统也表示关注。最终发布的准则（SFAS 123）也最终成为一项选择性准则，由强制性披露改为自愿性披露，对公司不具备强制性约束力。其他具有代表性的案例还包括对物价变动的会计处理，对石油天然气行业未成功废井的勘探成本的处理等。财务会计准则委员会的一位早期委员David Mosso就曾指出："会计准则制定是一个政治化过程，其中存在着讨价还价和互相让步，事实上是一种权力游戏。"几乎每一任财务会计准则委员会主席都承认，大部分财务会计准则委员会的项目是政治压力的目标。

上述分析表明，会计准则是各方政治力量较量和交流的产物，谁也无法改变其政治上的契约性。但是不同国家会计准则在制定过程中受政治影响的具体表现却有所不同，这与一个国家的政治体制、经济体制有着密切关系。在成熟市场经济体制中，存在多元化的经济主体，客观上要求会计准则制定过程成为一个民主决策过程。准则制定机构成员应有广泛的代表性，充分吸收不同利益集团的代表；会计准则制定过程要具备充分参与性和公开性。例如在美国，会计准则就是由民间组织来进行制定的，财务会计准则委员会是一个独立的民间机构，其成员由财务会计准则顾问委员会（FASAC）任命，FASAC是财务会计准则委员会与商业界、经济界的联络机构，主要是对方案的先后顺序、妥当性发表意见，将不同利益团体的意见传递给 FASB，使其在制定准则过程中均衡各方利益，从而得到多数集团的支持。由此而产生的会计准则实质是一种"社会的政治契约"，是企业内外各主体通过谈判而达成的有关会计具体规定的一份约定，是与有关利益体进行博弈的结果，其制定具有广泛的社会参与性。其中，美国政府只是起了一个宏观调控作用，并没有具体的行为。而我国会计准则的制定则明显有别于美国，纯粹以官方的形式出，由政府部门负责制定，并采取自上而下的方式。虽然在制定过程中也会听取来自企业等有关各方的意见，但较之于美国等国家来说，其意见听取的范围要小得多，因此它也就更加具有政治意味。

总之，会计准则的制定如同其他法规政策的制定一样，既是一个对利益的竞争与分割的经济过程，又是一个利益主体参与博弈的政治过程。只要利益相关者存在利益上的差异，会计准则所具有的经济后果和会计准则的政治化倾向就必然存在。任何一种会计准则制定机制都会受到使用会计准则的利益集团的操纵，"会计准则的制定已成为一种政治过程，这一过程要求准则制定机构在会计和政治两方面寻求微妙的平衡，协调各方面的利益"（Scott，1999）。当然，在这个过程中，契约的某一方会由于政治地位的不同而成为主导者，进而在所达成的契约中占有绝对优势，但相对弱势一方在遵守规则的同时，也会积极反抗和主动抗争，以此对会计准则产生出潜移默化的影响（雷光勇，2004）。

第三章 会计准则制定经济后果的历史考察：以美国为例

第一节 美国会计准则制定机构的变迁

20世纪30年代，美国爆发了经济危机。这场大危机严重破坏了美国的经济，而其中一个重要原因被归咎于证券市场上投机诈骗盛行，企业财务报表严重失实。大危机过后，美国政府被迫加强对市场经济的干预。美国国会于1933年通过了《证券法》，授权联邦贸易委员会并制定统一的会计规则。1934年，美国国会又通过了《证券交易法》，授权成立证券交易委员会这一新机构取代联邦贸易委员会并制定统一的会计规则，接受注册会计师的监督。1937年，证券交易委员会发表了第1号会计系列文告（Accounting Series Release，ASR No.1）。但随后，它对于是否要自行制定统一会计规则问题进行了激烈讨论，5位专职委员的意见不一，最后的表决以3∶2的票数否决了自行制定的意见。1938年4月，证券交易委员会发布第4号会计系列文告《财务报表的管理政策》（ASR No.4），明确将会计准则的制定权力授予美国会计师协会。从此，开始由会计职业界来制定会计准则①。时至今日，美国公认会计原则的制定大致经历了以下三个主要阶段。

---

① 虽然会计准则的制定权下放给了美国会计师协会，但SEC保留有最终的否决权，因为只有SEC是根据《证券法》和《证券交易法》授权的会计准则制定机构。

一、会计程序委员会（1938—1959 年）

1938 年，美国会计师协会正式成立了由 21 位任期一年的委员组成的会计程序委员会（Committee on Accounting Procedure, CAP），乔治.O.梅任首届主席。从第二年起，CAP 陆续发布代表公认会计原则的"会计研究公报"（Accounting Research Bulletins, ARBs），宣告由该委员会所认可的一些会计原则、程序和名词。在其存续的 20 余年内，会计程序委员会共发表了 51 份会计研究公报和 8 份会计名词公报。

会计程序委员会发布的会计研究公报，主要侧重于对具体会计实务处理的指南，基本上是对现行会计处理惯例加以选择和认可，而缺乏对会计理论的系统研究。大部分的研究公告都是就事论事，缺乏前后一贯的理论依据，对同一事项的会计处理指南往往前后矛盾，允许的会计方法程序也过分多样化，其强制性和权威性也不够。此外，经济环境的迅速变化出现了一些新的业务和新的融资技术（如设备租赁、可转换证券、回租合约）。由于没有先例可循，面对这些新的业务而产生的会计问题，会计程序委员会无法对其进行研究并提出解决办法。由于上述诸方面的缺陷，会计程序委员会的工作招致了实务界和理论界的普遍抨击和强烈抵制。最终，美国会计师协会于 1959 年停止了该委员会制定公认会计原则的工作。

二、会计原则委员会（1959—1973 年）

1957 年，美国会计师协会改名为美国注册会计师协会（AICPA），新任主席阿尔文·詹宁斯（Alvin R. Jennings）认为，会计程序委员会的工作招致广泛的批评，因此应当考虑"在缩小财务信息的编报和提供方面所存在的差异和不一致的范围究竟取得多大成功"①。他认为会计原则的制定应采取新的方法，会计原则的制定应该是纯研究性质。为此，由詹宁斯提议并于 1957 年成立了一个研究项目特别委员会（Special Committee on Research Program），

---

① 转引自刘峰：《会计准则变迁》，中国财政经济出版社，1996 年。

对会计程序委员会的工作进行认真回顾。该委员会在向美国注册会计师协会理事会提交的报告中指出，会计程序委员会的工作缺乏理论研究，无法回应外界的强烈批评，建议解散会计程序委员会，并成立新的会计原则制定机构。美国注册会计师协会接受了这一建议，于1959年停止了会计程序委员会的工作，成立了会计原则委员会（Accounting Principles Board，APB），负责制定和解释公认会计原则。

会计原则委员会由18~21位委员组成，他们主要是来自各大会计师事务所的代表，也有少数成员来自工商界、政府部门和会计教育界。会计原则委员会的主要任务是"推动公认会计原则构成内容的书面表达"①。因此它把制定会计实务处理的指南或文告作为工作重点，陆续发表了一系列"会计原则委员会意见书"（APB's Opinions）②。在其存续期间，会计原则委员会共发布了31份意见书。此外，它还发布了4份报告，这些报告代表会计原则委员会对一些会计与报表的基本问题的观点，但并不作为公认会计原则的内容。与此同时，APB在成立后，吸取了CAP被取代的教训，专门组成一个会计研究部（Accounting Research Division，ARD）研究重大理论问题，供APB制定准则时参考，它的最终研究成果以"会计研究论文系列"（Accounting Research Studies，ARS）的名称统一结集出版。

会计原则委员会与其前任会计程序委员会的一个重大区别在于，其发表的文告的权威性和强制力得到认可和提高。1964年，美国注册会计师协会理事会发表一份特别公告，其中指出："公认会计原则是指那些具有相当权威支持的原则；会计原则委员会的意见书构成相当的权威支持③。"该公告要求所有会员自1965年起，

---

① 转引自葛家澍等：《现代西方会计理论》，厦门大学出版社，2006年。

② 会计原则委员会的主要公告是意见书，它是构成公认会计原则的一个组成部分。

③ 转引自葛家澍等：《现代西方会计理论》，厦门大学出版社，2006年。

任何偏离会计原则委员会意见书的行为，都应该在财务报表附注或审计报告中注明。与此同时，美国注册会计师协会还在《注册会计师职业道德守则》（CPA's Code of Professional Ethics）第 203 条中明确认可会计原则委员会的权威性。从此，会计原则委员会及其发布的意见书的权威性和强制力得到支持。

尽管美国注册会计师协会希望会计原则委员会的工作能够避免出现与会计程序委员会类似的后果，但会计原则委员会的工作还是不能令会计职业界和工商界满意。外界批评会计原则委员会的工作方式仍然是"救火式"的，忽略了对基本会计理论的研究，导致意见书因缺乏理论框架而出现前后不一致的现象。另外，会计原则委员会的成员构成不合理，其委员主要是大事务所合伙人且是兼职，这些人在制定公认会计原则时，就存在着有利于自己执业的选择①，难以真正代表公众利益。与此同时，更为重要的是，会计原则委员会不能迅速处理因环境变化所产生的新问题，在准则制定过程中不能坚持自己的意见而经常屈从于外部利益集团的压力，包括职业界、产业界和证券交易委员会等。例如，关于投资贷项的会计处理，APB 第 2 号意见书要求统一按"递延法"进行处理，但受到一些大公司通过 SEC 施加的压力之后，不得不用第 4 号意见书允许在"递延法"和"流尽法"两种方法之间选择应用。又如，关于所得税会计处理的第 11 号意见书，也由于受到外界利益集团的抵制而宣告放弃。

上述诸多因素的影响，迫使美国注册会计师协会考虑成立新的准则制定机构，以取代会计原则委员会。1973 年，会计原则委员会在存续 15 年后停止工作，新的准则制定机构——财务会计准则委员会正式成立。

三、财务会计准则委员会（1973 年至今）

1968 年，美国证券市场产生危机。这一次，会计职业界再次

---

① 美国的一系列法庭判例也表明，由于 APB 的成员大多是大公司的合伙人，法庭认为这些人在制定公认会计原则时，就存在着有利于自己执业的选择，使得公认会计原则不能作为可靠的法庭依据。

受到指责。美国证券交易委员会公开指责 APB 的意见书易造成误解，导致投资者蒙受重大损失。同时，美国国会还成立了两个委员会，直接调查会计准则的制定和运行，并声称应将公认会计原则的制定权收归国会。面对上述压力，美国注册会计师协会于 1971 年 4 月宣布成立一个以前证券交易委员会委员弗兰西斯·惠特（Francis M. Wheat）为首的"会计原则制定研究小组"（又称惠特委员会），分析会计原则委员会的工作程序，并提出未来准则制定机构的组成、工作方式等。惠特委员会于 1972 年 3 月提出了一份题为"财务会计准则的制定"（Establishing Financial Accounting Standards）的研究报告，建议重建会计准则的制定机构。1972 年 6 月，财务会计准则委员会（Financial Accounting Standards Board，FASB）宣告成立，它取代了会计原则委员会，作为公认会计原则的制定机构一直工作到现在。

FASB 与前两任准则制定机构相比，最大的一个变化是 FASB 在组织形式上不再隶属于 AICPA，而是成为一个独立的机构。FASB 归属于由 9 个职业团体的代表组成的财务会计基金会（FAF）。FAF 负责任命 FASB 成员，还负责任命 FASB 的咨询机构——财务会计准则咨询委员会的成员，这一制度为 FASB 的活动增添了广泛的代表性。此外，为避免重蹈前两任准则制定机构的覆辙，FASB 从成立起就设立专门机构，拟定长期工作计划，而不是"救火"似地工作。同时 FASB 还特别注重理论研究，从 1976 年起，陆续发布了一系列的概念框架，作为评价和制定会计准则的理论依据。

FASB 的主要任务是针对重大会计问题，回顾前任机构制定的准则文告，并制定相应的财务会计准则及其解释文件等。FASB 成立后，共发布了四个方面的正式文告：一是财务会计准则公告（Statements of Financial Accounting Standards），二是财务会计概念公告（Statements of Financial Accounting Concepts）；三是财务会计准则委员会的解释（FASB'Interpretations），主要对一些问题提供较为具体、详细的解释和说明；四是技术公报（Technical Bulletins），主要是对公认会计原则的应用提出技术上的指南。

第二节　美国会计准则制定导向的演变

美国会计准则制定导向的发展演变可以分为三个阶段：原则导向阶段、规则导向阶段和目标导向阶段。

一、第一阶段：原则导向阶段

会计准则制定的原则导向，是指在制定会计准则时，仅针对某一对象或交易、事项的会计处理、财务报告提出应循原则，可能包括以原则为基础的一些规则，但并不力图回答所有问题，或对每种可能情况都提供详细的规则。

原则导向的会计准则具有以下优点：第一，允许企业会计人员和审计人员运用专业判断，这将使会计在对经济业务进行确认、计量、记录和报告方面更加注重经济业务的实质，审计在对会计报表公允性、合法性做出评价时更为全面；第二，准则的详尽和复杂程度降低，简洁明了的会计准则便于使用者阅读和理解；第三，不提供详尽的规则，在一定程度上遏制了企业围绕规则进行交易策划的财务操纵行为。

但是，原则导向的会计准则也存在一些不足和问题：一是原则导向的会计准则的可操作性相对较差。由于原则导向的会计准则缺乏具体、详细的操作指南，从而使会计实务过度依赖会计人员的职业判断。虽然充分职业判断生成的会计信息将更全面反映交易的经济实质，但这是以会计人员具有较高的职业判断水平为前提的。如果会计人员对原则要义没有全面、精确的把握，在面对具体业务时不能正确判断和选择适当的会计处理方法，则其提供的信息就不可能反映交易的实质。二是原则导向的会计准则可能导致专业判断的滥用。原则导向的会计准则允许充分的职业判断。取消了详尽的规则，会计职业人员具有相当大的酌定自由度，而有关监管、法律标准却变得抽象、模糊，这时准则所允许的充分职业判断就完全有可能被滥用。正如国际会计准则委员会原主席 David Tweedie（2002）承认的，以原则为基础的会计准则制定模式是有条件的，公司和注册会计师必须能以公众利益为己任进行专业判断。①

1929年美国资本市场大危机爆发以后,诞生了规范会计信息的会计准则。会计准则的出现,结束了管理人员自由选择会计政策的历史,提高了资本市场会计信息的质量,促成了其后美国资本市场几十年的繁荣。在美国会计准则制定的初期,会计准则基本上是属于原则导向的。例如,1934年美国注册会计师协会通过的第一批六条会计原则,就符合今天所说的原则导向;第一个会计准则制定组织——会计程序委员会最初所发布的准则就称为会计研究公报,早期的一些研究公报主要讨论会计名词、术语,它在总体上也符合原则基础。

二、第二阶段:规则导向阶段

会计准则制定的规则导向,是指除了给出某一对象或交易、事项的会计处理、财务报告所必须遵循原则外,还力图考虑准则适用的所有可能情况,将原则进行具体化,形成一系列具有操作性的规则。其主要特征是例外事项和界限的存在,这些界限将导致非常详细的补充指南,而这些指南中往往又含有更多的界限。②

规则导向的会计准则具有以下优点:其一,可操作性强,有利于会计人员按照具体而详细的准则处理相应的会计业务,减少专业判断的空间,降低了误判的可能;其二,有利于审计人员按照具体的标准执行审计业务,减少其与被审计单位会计处理意见的分歧,在一定程度上可预防诉讼;其三,有利于增强财务报告的可比性。

然而,规则导向的会计准则也存在很多弊端:其一,规则导向的会计准则包含了大量详细而具体的界线检验,而这些界限检验的设定缺乏一定的理论基础。例如在非货币性交换的判断标准中,为

---

① 转引自葛家澍等:《财务会计概念框架与会计准则问题研究》,中国财政经济出版社,2003年。

② SEC,财政部会计司组织编译:《对美国财务报告采用以原则为基础的会计体系的研究》,中国财政经济出版社,2003年。

什么规定25%这一比例，而不是20%或30%？由于缺乏足够的理论依据，许多界限的设定往往比较随意，导致一些与经济交易实质不相符合的会计处理；其二，规则导向的会计准则过于详细，容易导致前后矛盾。美国证券交易委员会认为，"以规则为基础的准则所特有的众多的例外和大量的详细指南，经常会导致准则运用时的不一致。这些准则可能包含着相互冲突的指南，由于报表编制者和审计师对于适当文献的应用可能持不同看法，对于类似的交易，不同的公司可能有着不同的会计处理……这种财务设计的结果就是相同的交易可能得到非常不同的会计结果。①"其三，规则导向的会计准则在实务中很容易被操纵。越是详尽的规则，越为交易策划、组织创新等财务操纵行为提供了机会。"界限检验为那些试图围绕准则宗旨钻空子的人大开方便之门"，"因为交易的形式或结构的细小变化都会突破临界点，使得在经济上相关的交易形成不同的会计处理结果。②"在安然事件中备受指责的"特别目的实体"就是典型例子。其四，规则导向的会计准则制定和实施的成本较高。力图考虑到所有可能情况的准则制定模式，必然带来百科全书式的会计准则。美国一些复杂业务的准则动辄上百页，准则的"超载"现象日益严重，由此造成准则制定程序过于烦琐和缓慢。这其中虽然有FASB所要求的应循程序或业务性质复杂的原因，但力图对每种情况都给出唯一规则的指导思想无疑加大了准则的制定成本。此外，新的经济业务层出不穷，而所制定的会计准则适用范围有限，使其缺少足够的前瞻性，这就需要制定大量新的准则，这不仅导致了会计准则的不稳定性，同样也导致了昂贵的会计准则制定和实施成本。

自从20世纪70年代初FASB成立以会计目标为逻辑起点来制定财务会计概念框架，并以此为指导制定会计准则开始，美国的公

---

① 引自SEC，财政部会计司组织编译：《对美国财务报告采用以原则为基础的会计体系的研究》，中国财政经济出版社，2003年。

② 引自SEC，财政部会计司组织编译：《对美国财务报告采用以原则为基础的会计体系的研究》，中国财政经济出版社，2003年。

认会计准则就采取了具体规则导向的思路。之所以发生这种转变，其中一个重要的原因是美国会计准则制定机构在后来的工作中受到的社会压力不断增加，各种利益团体为了各自的利益不遗余力地向准则制定机构展开各种游说和影响活动。在美国准则制定历史上，因为利益团体游说而影响准则最终制定的例子有很多。① 由于不同利益集团通过游说政府对会计准则制定机构施加压力，为了兼顾各个利益集团的利益，美国会计准则逐渐变得更加细致、具体，会计准则制定逐步转向规则导向模式。

三、第三阶段：目标导向阶段

2001年11月，美国安然公司发生会计造假案，并申请破产。此后不久，又接连发生施乐、世通等一系列财务舞弊丑闻，从而引发了美国资本市场的极大恐慌。作为对安然事件的回应，美国国会在2002年7月通过了《萨班斯-奥克斯利法案》，责成美国证券交易委员会对原则导向的会计准则相关问题进行研究，包括：美国现有准则中已经在多大程度上体现了原则导向；从规则导向的财务报告系统过渡到原则导向，需要多长时间；采用原则导向的可行性和可能的方法；对采纳原则导向进行全面的经济分析等。美国财务会计准则委员会也于2002年10月21日对外发布了《关于美国以原则为导向制定会计准则的方法和建议》，对准则制定模式由现行的规则导向转变为原则导向并广泛征求社会公众的意见。2003年7月25日美国证券交易委员会向国会提交了《按照2002年萨班斯-奥克斯利法案108（d）条款要求对美国报告系统中采用基于原则的会计体系进行研究的报告》（以下简称《体系研究报告》），并对美国报告系统中采用基于原则的会计准则制定方法的可行性进行了探讨。该报告既不赞同采用基于规则的会计准则，又不赞同采用纯原则的会计准则，而是提出了一种接近于但优于基于原则的会计准则的制定模式——目标导向（objectives-based）的新观点。目标导向模式将构建美国会计准则的三个层次：第一层次为概念框架，

---

① 详见本章第三节内容。

第二层次为会计准则，第三层次为指南部分。为此，美国会计准则的制定呈现出从原则导向模式到规则导向模式再到目标导向模式的演变路径。

目标导向模式，是指在制定会计准则时强调某项业务的会计处理应达到的目标，如反映交易或事项的经济实质、提高会计信息对信息使用者的决策有用性。《体系研究报告》认为，目标导向会计准则具有以下特点：①建立在经改进并得到一致应用的概念框架基础上，每个准则的制定都要根据内部一致的概念框架进行；②明确提出准则的会计目标—决策有用性，这将公司管理当局想绕过会计准则本来意图而进行财务操纵的可能性减至最小；③提供适量的细节和结构，使准则能够得到一致的实施和应用；④尽量减少准则的例外，因为例外的本质就是对会计目标的违背，还会引起准则内部的矛盾；⑤避免使用那些使财务工程师能在技术上遵循准则却在实质上规避准则意图的百分比检验或者明界。

事实上，会计准则制定的目标导向观是修正的原则基础模式。现实中并不存在纯规则与纯原则的准则模式，美国的会计准则中也有原则，国际会计准则中也有规则。原则和规则是可以并存的：原则是对规则的抽象化，而规则是对原则的具体化；必要的规则有助于原则的具体实施，而在规则缺乏时则需要原则的总体指导。美国会计学会时任会长彼得·威尔逊教授对此问题做了很好的解释：原则和规则都需要，关键问题是需要确定原则和规则各占多少比重，以及应如何达到两者之间的平衡。目标导向会计准则实际上就是在以原则为基础的指导思想上，糅进了一些规则，例如提供充分的细节和结构，使准则能够得到一致的实施和应用。或者说，目标导向会计准则就是在使得原来的会计准则制定的原则基础和规则基础之争变为在原则和规则之间寻找最优的均衡点。因此从这个意义上说，目标导向会计准则似乎又比单纯的以原则为基础的会计准则更好听一些。本书剩下部分将不再单独讨论目标导向会计准则，而将其并入原则导向会计准则。

第三节 实际的证据：美国具体会计准则的经济后果

会计准则的经济后果对美国会计准则的制定过程产生了举足轻重的影响。在美国会计准则制定的历史上，曾数次因利益方的反对而使准则难以实施，以下是一些典型案例。

一、投资税款贷项会计准则

1962年，美国经济处于衰退阶段，为了刺激经济，美国政府鼓励企业投资资本商品（例如机器和设备）。投资税款贷项就是指公司进行固定资产投资时政府按投资额的一定比例给予公司减免所得税。这是美国政府为了刺激当时处于低谷的美国经济，增强美国企业在国际上的竞争力而采取的一项重要政策措施。

对于投资税款贷项的会计处理有递延法和流尽法。流尽法将获得的投资税款贷项在当年一次计入损益。递延法将当年获得的投资税款贷项按照48%的比例计入当期损益，将另外52%作为递延所得税贷项在以后年度逐年摊销。两种方法显然具有不同的经济后果。1962年美国会计原则委员会颁布了第2号意见书，要求对投资税款贷项按递延法进行处理，因为依据会计的权责发生制与配比原则，采用递延法在固定资产使用寿命周期内摊销较为合理、系统和内在一致。但是该方法却不能通过企业财务报告充分体现美国政府减免税政策刺激经济的目的，不利于政府宏观经济政策效应的实现，削弱了财政政策的激励作用，因而遭到了国会的强烈反对，国会通过财务会计准则委员会向会计原则委员会施压，迫使其发布了第4号意见书以取代第2号意见书，允许企业在递延法和流尽法之间任意选择。面对压力，准则的制定者最终以失败告终。

二、外汇折算会计准则

1975年财务会计准则委员会颁布了财务会计准则公告第8号（SFAS 8）文件，要求跨国企业的外汇折算采用时态法，并将汇率变动所产生的折算利得或损失（外币折算差额）计入当期损益，并在当年的合并收益表上予以披露。由于该准则可能会导致企业净收益巨大的不可控性，因此该规定一公布立即遭到企业管理者等利益相关者的强烈反对，有些公司甚至在报表附注中公开质疑财务会计准则委员会的理论依据。迫于各方压力，FASB 于 6 年后颁布了 SFAS 52，以取代 SFAS 8。SFAS 52 要求在股东权益下设置累计折算损益，作为未实现的损益在资产负债表上递延，与已实现的利润分开，因而增加了管理者计量净收益的可控性。

从理论上看，根据 SFAS 8 所提供的信息反映情况与汇率变动对现金流量和权益的预期经济影响基本一致，它符合购买力平价理论①，其货币性项目也符合利率平价理论，对现金流量并无直接影响。但是管理者却认为，由于当期净收益包括未实现的外汇损益，会产生重大不可控的易变性，报告外损益不能可靠地衡量其业绩，从而影响薪酬计划；同时波动的会计利润传递的是企业发展不稳定的信息，会影响资本市场资金筹集。SFAS 52 虽然缺乏经济理论基础，但其经济后果却是十分明显的。Sweeney（1994）通过对 SFAS 52 的调查研究证明 SFAS 52 有增加收益的效果，因此违反债务契约的样本公司有尽早采用 SFAS 52 的现象。Robert（1995）以 SFAS 52 为例检验了公司管理当局通过准则采纳时间的早晚进行盈余管理，平滑收益。Pincus 和 Wasley（1994）对 2274 家公司采用的 3183 项强制性会计变更研究中发现，在 FASB 发布的近 100 条准则中，企业最普遍采用的是 SFAS 52，占 16.78%，仅次于 SFAS

---

① 购买力平价理论是单位货币代表了它对商品或劳务的购买力，市场力量将作用于汇率以保持不同国家购买力相等。实际上一国货币的涨价往往鼓励了进口而减少了出口，外汇市场上的该国货币币值将下降以保持平衡。利率平价理论以利率为基础，一国利率上升会吸引资本流入，在外汇市场上产生对该国货币的需求（其他条件相同）导致币值上升。实际上外汇汇率的调整到以使各国报酬率相等的地步，如逆差的国家不一定按购买力平价理论预计的币值下降，吸引外国投资者。国家通过资本流入为进口大于出口的差额即当期逆差提供资金，此时对外兑换会计及折算调整产生影响，许多利益相关方不喜欢该公告，对其发出直接攻击。

87 养老金会计，而关于 SFAS 8 的变更只占 7.57%。由此可见，经济后果观的存在，使理论上更为完善的 SFAS 8 无法实施，而理论基础欠缺的 SFAS 52 却因兼顾了管理层的利益而得到广泛认可。

三、石油天然气会计准则

石油天然气打出废井同样也有成本，对于废井成本的处理通常有成功法（Successful Effort Method，简称 SE 法）与完全成本法（Full Cost Method，简称 FC 法）之分。在成功法下，公司必须将没有勘探成功的油井的成本费用化，直接计入当期损益；而在完全成本法下，其费用可以资本化，并从勘探成功的油井今后的收入中逐年摊销。

财务会计准则委员会在 1977 年颁布了第 19 号财务会计准则公告（以下简称 SFAS 19），要求对石油和天然气公司勘探油井的成本核算采用成功法。从理论上分析，成功法符合财务会计概念框架的要求，更符合理论逻辑。FASB 在 SFAS 19 中指出，成功法会计与现行的会计框架一致。Bandyopadhyay（1994）发现用成功法得到的收益数据比用完全成本法得到的收益数据具有更高的盈利反应系数（ERC），能产生较高质量的盈利，因此遵循财务会计概念框架的理论逻辑更能产生高质量的会计信息。

但是成功法的采用是有经济后果的。从理论上看，在成功法下，与探明储量无直接关系的成本费用计入当期损益，当期收益和期末石油天然气资产都将小于完全成本法下的收益和资产，这使得采用成功法的企业财务状况和经营成果都差于完全成本法下的企业，必然影响企业的股票价格和负债融资。从实证研究结果分析，Touche Ross 1977 年的研究发现，强制性地从完全成本法转换到成功法，将减少报告盈利 20%，减少石油天然气财产价值的 30%，减少股东权益的 16%，导致 9 个企业（25%）正在进行的债务安排失败。Lev（1979）的调查研究证明 SFAS 19 征求意见稿的发布影响到采用完全成本法企业的股票价格，使其股票价格下降，平均累积市场价格在公告期内下降了约 4.5%，对 20% 的样本企业有重大影响，在实施分红计划的公司遭到经理们的反对。Deakin

(1979)进行了一项关于完全成本法和成功法选择的研究,结果发现负债对收入比率越高,公司越有可能选择完全成本法,同时也发现采用完全成本法的企业在勘探上更具有进取性。从实务界来看,使用 FC 法的大多数是小石油和天然气公司,现在要求其改用 SE 法会降低其盈利,尤其对那些积极勘探油井的小公司更是如此,而更低的盈利对于小公司而言无疑是雪上加霜,由此会使其募集资本更加困难,从而严重影响其勘探能力和竞争力。以上分析表明,采用 SE 法的经济后果是十分明显的。

鉴于 SFAS 19 可能引发的经济后果,采用 FC 法的公司都进行了院外游说。迫于院外游说的压力,美国证券交易委员会做出了让步,于 1978 年 8—12 月连续发布会计系列文告第 253、257 和 258 号,允许完全成本法成为向美国证券交易委员会报告的备选方法。由于美国证券交易委员会的权威地位和财务会计准则委员会的民间性质,财务会计准则委员会随后于 1979 年 2 月发布第 25 号财务会计准则公告(SFAS 25),修正 SFAS 19,其内容为不限制完全成本法的使用。

四、股票期权会计准则

美国股票期权会计准则的制定及完善过程历时数十年,每一项会计准则的诞生都是准则制定者与国内利益相关集团激烈博弈的结果,其中影响最强烈的是 SFAS 123 的制定,它遭到了包括国会在内的相关利益集团的强烈反对,是 FASB 所遭受的压力中最著名的一个例子。

美国股票期权的会计处理方法主要有内涵价值法和公允价值法。1972 年会计原则委员会颁布的《员工股权的会计核算》(APB 25)要求公司在会计计量日按内涵价值计量期权的发行成本,并将该成本在员工服务期限内按比例摊入各期的薪酬费用。期权的内涵价值等于股票市价超过行权价的差额,若行权价不低于股票市价,内涵价值为零,公司不需确认期权的发行成本。由于所得税方面的原因,行权价总是被设定得与市价相等,因此根本没有需要记录的期权费用。内涵价值法简单、易于理解和操作,但它未能反映股票期权的实际价值。大多数观察家认为,股票期权不是没有成本的(Zeff,2005)。1995年,FASB颁布的《股权式薪酬计划的会计核算》(SFAS 123)则要求按公允价值计量期权的发行成本。期权的公允价值由内涵价值和时间价值两部分组成。时间价值衡量在期权有效期内因股票市价波动给持有人带来的潜在收益。即使内涵价值为零,只要未失效,期权就仍然存在价值。由于时间价值的存在,期权的公允价值往往远大于其内涵价值,根据SFAS 123确认的薪酬费用比根据APB 25确认的多,对公司利润水平的影响也就相对较大。Apostolou和Crumbley(2001)比较了1999年美国30家大公司的年报数据,发现大部分公司根据APB 25计量的净利润比根据SFAS 123计量的调整后净利润平均高10%以上,其中KLA、康柏、美国在线和Siebel公司的净利润比调整后的净利润分别高86%、36%、34%及22%;同时,一些原盈利的公司经调整后变成亏损,如Broadcom公司的业绩从盈利8300万美元大幅下降到亏损1050万美元。① 总之,在内涵价值法下不记录股票期权费用,而在公允价值法下必须在利润表中将股票期权确认为费用。

虽然很多的会计学家支持股票期权费用化的观点,但是SFAS 123的制定过程却遭到了包括国会在内的相关利益集团的强烈反对。国会表示,如果财务会计准则委员会继续坚持发布一项准则要求将期权费用化,国会可能通过立法将其废除。来自产业界的反应敏捷而直截了当:反对任何此类准则生效。而更强烈的反对意见来自高科技行业,特别是硅谷公司。其中很多公司根本就没有盈余可报告,他们担心将股票期权作为费用处理会大大增加其损失,或者令其任何可能的盈余付之东流。因此,他们直接或间接地通过贸易协会来游说他们在国会中的成员,宣称这项准则将威胁到高科技企业家的事业(泽夫,2005)。美国前总统克林顿也在给国会的信中认为股票期权是"公司有价值的转移",最好避免这一问题的立法。他还认为,如果财务会计准则委员会的建议无意中削弱了美国

---

① 转引自龙文滨等:《期权会计准则经济后果的实证研究及启示》,《财会通讯》(学术版),2005年第8期。

最有希望的高科技行业的竞争力的话,那将是极为不幸的。由于财务会计准则委员会坚持自己的立场,来自民主党的参议员约瑟夫·利伯曼(Joseph Lieberman)提出了一项议案,要求证券交易委员会举行公开听证会,表决财务会计准则委员会发布的每项准则。这项提议的结果将令财务会计准则委员会寿终正寝。这时曾坚决支持财务会计准则委员会这些建议准则的证券交易委员会原主席阿瑟·利维特(Auther Levitt),劝告财务会计准则委员会放弃规定费用化核算期权,因为财务会计准则委员会的未来存亡已经受到威胁。多年后,利维特承认这一建议是在其任期内所犯的最大错误。

鉴于各方的压力,财务会计准则委员会于1994年正式发布的SFAS 123并未强制要求采用公允价值法披露期权费用,而只是要求以附注形式披露与股票期权有关的费用以及对每股收益的影响。近年来由于安然、世通丑闻造成了公众压力,财务会计准则委员会对SFAS 123进行了修订,要求所有公司采用公允价值法进行期权的计量并将之费用化。

五、企业合并会计准则

自1950年美国会计程序委员会正式允许采用权益联合法处理企业合并业务以来,关于权益联合法与购买法之间孰优孰劣的争论从没停止过。

权益联合法把合并视作两个公司的普通股股东在合并他们的权益、资产和负债,形成一个单一的主体,并不产生商誉。购买法是将合并视作一个企业(购买方)取得或购买另一个企业(被购买方)净资产的一项交易行为,其支付的价格超过被购买方净资产公允价值的部分被视作商誉。

采用不同的合并方法将会给企业合并当期及以后各期的业绩造成不同的影响。简单地说,采用权益联合法相对于购买法可能倾向于抬高购并后企业当期的经营成果和留存收益,因为权益结合法下确认的购入企业净资产入账价值比购买法下的低而且不存在确认和摊销商誉的问题。因此在会计程序委员会公布第48号会计研究公报后,采用权益联合法进行合并的公司比例迅速上升(由1958年之前的 32.5%上升到 1958 年后的 58.16%)。但是随着权益联合法的被广泛采用，也产生了一些不利的后果。例如它鼓励了企业间的合并行为，助长了美国 20 世纪 60 年代的合并浪潮。同时为了适用权益联合法，许多公司采取了很多变通办法，导致权益联合法被滥用，造成了证券市场的混乱，极大地损害了投资者的利益。由于上述原因会计程序委员会关于合并会计政策遭到了利益相关者的广泛质疑，美国联邦贸易委员会和司法部也反对这些会计政策，他们倾向于取消权益联合法以减缓兼并活动。但是有兼并意向的公司管理层则强烈支持权益联合法，以至于在兼并协议条款中规定，如果不能保证采用权益联合法，就不实施该项兼并。甚至有证据表明，购并者愿意支付额外的溢价使得一项并购交易符合权益联合法的 12个条件。在利益相关者集团的压力之下，1970 年会计原则委员会颁布了带有妥协色彩的第 16 号意见书，它既保留了权益联合法又对其使用施加了严格的限制，企业只有在严格满足 12 个条件后才能使用权益联合法。

六、公允价值会计准则

2008 年爆发了全球金融危机，公允价值会计准则被认为是此次金融危机的"帮凶"而成为银行业等相关利益集团指责的对象，公允价值存在与否成为各方争论的焦点。会计准则经济后果在本次金融危机中得到了强有力的体现和验证。

从美国来看，首先对公允价值进行指责的是在危机中遭受重创的美国金融业。以美国投资银行等大型金融机构为代表的金融界，将批评的矛头直指美国会计准则，认为 FASB 在 2007 年 11 月实施的 157 号准则《公允价值计量》（SFAS 157）是导致金融危机进一步深化和无法控制的根本原因。美国银行家协会认为，在市场大跌和市场定价功能缺失的情况下，按照 SFAS 157 对金融产品计量将导致金融机构过分对资产按市价减计，造成亏损和资本充足率下降，进而促使金融机构加大资产抛售力度，从而使市场陷入交易价格下跌—资产减计—核减资本金—恐慌性抛售—价格进一步下跌的恶性循环之中，对加重金融危机起到推波助澜的作用。美国联邦存款保险公司前主席威廉·伊萨克公开宣称，正是公允价值会计准则导致众多银行不得不过多地和不合理地减计资产，从而压缩了银行的放贷，进一步使经济震动。为此，他们曾先后致信相关管理层要求修改公允价值会计准则。其次，金融危机爆发后，平时并不关心会计专业问题的美国政治家们也开始纷纷表达对会计准则的观点，其中众议院共和党领袖约翰·博波纳的声明尤其具有代表性："对那些没有市场价值的金融资产而言，繁重的公允价值计量规则已经恶化了信贷危机，改变这些规则已经成为众议院共和党的首要任务。"2008年9月26日，在美国众议院否决国会提出的救助法案后，对会计准则的指责达到了顶点。由60多名议员组成的两党联立团体在2008年9月下旬写信给美国证券交易委员会，敦促暂停公允价值会计准则。2008年10月3日，在美国众议院通过的救助法案最终稿中，专门有两条针对会计准则，其中第132条授权美国证监会可以在其认为必要的情况下，有权停止执行SFAS 157号准则等规则；第133号要求证监会调查SFAS 157号准则中提出的公允价值计量对美国金融机构的影响以及修改该准则的可行性，并要求证监会在法案生效90日内向国会提交研究报告。

针对公允价值是导致金融危机的主要原因美国国内也有持反对意见的。美国财政部、联邦储备委员会和一些经济界人士指出，资产价值背离它们的真实市场价格将导致公司财务状况"健康"的人为假象，最终会导致储蓄和贷款市场的崩溃，并将像日本20世纪90年代一样出现长达十多年的经济衰退。许多业内人士也撰文指出，抵押资产估值方面的问题不是导致危机的原因，通过放松会计计量的规则而"创造"的利益是一种幻觉，只能延迟问题的解决；改变公允价值会计准则，将会剥夺投资者在最需要关键财务信息的时候获取这些信息的权利。美国消费者组织对此也持反对态度，他们认为，允许企业欺骗投资者又欺骗自己并不是解决问题的好办法，这本身就是一个问题。这会让银行和其他金融机构"按幻想定价"，肆意虚定高价。

不过，面对来自美国国会和金融界的巨大压力，会计界虽仍然继续坚持公允价值计量规则，却也不得不改变一向强硬的不妥协立场。2008年9月30日，美国证监会和美国财务会计准则委员会针对非活跃与非理性市场情况下采用公允价值的会计处理方式发布了指导意见。该指导意见仍然坚持第157号准则的原则，并未暂停公允价值的使用，但是允许企业在为资产确定其公允价值时，如果该类资产缺乏活跃的公开市场交易，管理层可以采用自己的金融模型和判断进行计量。显然，这一指导意见是多方妥协的结果，在没有放弃公允价值计量目标的同时，也满足了银行家和一些政治家的要求。2009年4月2日，FASB以3票赞成、2票反对的方式正式通过了极具争议的放松对公允价值运用和资产减值准备的要求。根据新的规定，对于缺乏活跃市场的特定金融产品（如抵押贷款支持证券），如果金融机构管理层认为市价不能代表其真实价值，可采用内部模型，即通过折现现金流量对这些金融产品进行估值和计价。这一规定与SFAS 157要求优先运用市场参数确定公允价值的做法相去甚远，为金融机构管理层利用主观判断调节利润打开了方便之门。

第四节 启示与小结

通过以上内容的介绍，我们不难发现，美国在制定会计准则的历史过程中一直受到经济后果和政治化的影响，这种影响在一定程度上推动了美国会计准则的变革。与此同时，美国也清楚认识到了这种影响，并采取了一些有效行动。

一、美国会计准则制定权的安排是政府和民间充分博弈的结果

会计准则具有经济后果，因而各利益相关者一定会基于自身利益围绕会计准则制定权而展开争夺。但是各国的经济、政治、文化等环境存在差异，导致在会计准则制定权的争夺上各个国家又有所不同。从目前来看，当前世界各国对会计准则制定权的配置主要有两类：一是由国家政府部门负责制定；二是由民间机构负责制定。

(一) 政府制定模式

在中国、法国等大陆法系国家，政府直接承担了会计准则的制定工作。由政府制定会计准则的优点在于：（1）高度的权威性；（2）相对成本低，因为政府不仅可以轻易获取或利用所需要的各种资源，而且可以凭借权利优势推行会计准则。但是政府机构本身不能获得所制定准则的现实收益，因为政府机构的收益是政绩和良好的社会主流评价。因此这种权力配置模式导致政府机构自动发起制定变迁、增加准则供给的动力不足，表现在该政府机构权力范围内的准则延迟供给或供给不足。此外，政府直接制定会计准则，必然使会计准则更多地体现了国家意志，而忽略其他利益相关者的需求。

采用政府主体模式的国家有一些典型的特征。首先，采用这种模式的国家一般都有一个强大的政府，这使得政府直接制定会计准则具有相对的成本优势。其次，这类国家在经济政策上都非常注重宏观经济导向，有必要制定一套具有绝对权威性的统一会计规范，来加强对国家宏观经济的管理。另外，这些国家一般都属于大陆法系国家，不认可法院判决和惯例可以作为法的渊源，只承认经过法定机构制定和认可的法律、规章的权威性和有效性。而政府制定的会计准则往往享有法律或法规的地位，这样有利于保证会计准则的执行。

(二) 民间制定模式

在英美法系国家里，准则制定权通常由政府机构传授予民间组织，民间组织组成准则制定机构，享有准则制定的起草、制定和颁布等权力。[①] 民间机构制定会计准则的优点在于：（1）民间机构通常与会计职业界保持较密切的关系，且有较多具备专业知识和经验的人员参与其中，有利于在技术上保障准则的高质量；（2）民

[①] 由民间组织负责会计准则的制定又分为由民间组织负责制定，政府通常不干预和在政府监管下由民间组织制定。

间机构通常包括多方利益主体，能代表较广泛的利益，因此其制定的准则较能为各方利益主体接受，有利于提高准则的执行效果；(3) 由民间机构制定准则能更及时地发现实务中出现的新问题，并做出快速反应，能提高准则制定的及时性。但与政府相比较，由民间组织制定的会计规范法律效力一般较差，其权威性不如政府制定的会计准则。当出现关于准则的争执时，往往只能寄希望于法庭判决，这无疑会加大准则的执行成本。同时，民间机构的日常运作所需资金通常需要特定机构提供，这使得民间机构往往由于经费的问题受制于特定的利益集团。

采用民间模式的国家也有一些典型的特征。首先，采用这种模式的国家，会计职业团体的力量一般较强。在这些职业团体中，注册会计师团体、会计师团体和会计师协会的力量较强，因而一般主导会计准则的制定。其次，这些国家一般比较注重市场的微观基础，对国家进行经济干预持相对消极的态度，主张由自由市场力量自动协调经济运行。另外，这些国家一般都属于英美法系国家，认可法院判决和惯例可以作为法的渊源，承认它们的权威性。

(三) 美国会计准则制定权的安排：政府和民间的充分博弈

美国属于英美法系国家，比较注重法庭的判例。同时美国是一个崇尚自由主义的国家，政府对市场的干预比较少。美国早在19世纪末20世纪初就开始建立会计职业团体，致力于会计职业的有序发展，直到目前美国会计始终保持着较高的职业化水平和自我管理能力，并成为美国社会的一股重要力量。但是美国会计准则制定权并不是一开始就安排给会计职业界来制定的。如前所述，1934年美国国会通过《证券交易法》，授权证券交易委员会制定会计准则，这显然会极大损坏会计职业界的经济利益。因为如果会计职业界不能拥有会计准则的制定权，会计职业界的权威地位就会受到严重影响，从而影响到会计职业界的收入，最终整个会计职业界的生存都将受到威胁。会计准则制定权对会计职业界的重要性是不言而喻的。因此为了维护会计职业界的利益，取得会计准则的制定权，成为会计职业界的共同目标。

刘峰（1996）按照时间先后顺序回顾了自1926年以来美国会计职业界为取得会计准则制定权而做的种种努力。在这个过程当中，除了凸显会计职业界的专业知识优势外，会计职业界的领袖人物还进行了强大的政治游说，在成功游说将上市公司所提交的资产负债表和损益表必须经独立审计写入《证券法》外，会计职业界还与证券交易委员会进行了多次沟通，最终使证券交易委员会于1938年4月发布了第4号会计系列文告，正式将会计准则的制定权力转授给会计职业界。可以说，如果没有会计职业界在20世纪30年代为制定会计准则付出的努力，没有会计职业界坚持不懈地游说，它是不可能最终取得会计准则的制定权的。

虽然经过努力，会计职业界取得了会计准则制定权，但究竟是由学术组织还是由职业会计师为主来制定会计准则，在会计职业界内部又展开了激烈的竞争。以学者为主的美国会计学会较早地介入了准则制定工作，并于1936年发表了极具权威性的文献《会计原则暂行报告》。证券交易委员会最初看好该组织，并曾提议与其合作制定会计准则。面对美国会计学会的挑战，美国职业会计师组织——美国会计师协会迅速行动起来，展开了针对会计准则制定权的争夺。首先，该组织通过成功的协调，与美国注册会计师联合会实现了合并，大大提高了会计职业界的地位和权威性；其次，在1936年，成立了以梅（George May）为首的7人会计程序委员会并着手制定会计准则，当年发表了"财务报表的检查"，且在该报告中正式提出了"公认会计原则"的概念。经过这一系列努力，加上美国会计学会本身的内部分歧，因此，当1938年4月证券交易委员会发布第5号会计系列文告建议由会计师们自己建立会计准则时，美国会计师协会下的会计程序委员会成为最具权威性的机构了。

然而，证券交易委员会虽然不亲自制定会计准则，但却保留有事前参与研究和事后行使否决权的权力。也就是说，如果会计准则委员会制定的会计准则与宏观经济的发展不相适应，国会就会通过证券交易委员会对其施加压力，本章第三节的介绍已充分说明了这一问题。"美国的公认会计原则并不是某一个机构或团体所制定的，它是证券交易委员会、财务会计准则委员会和美国注册会计师协会等机构长期共同努力与协调的结果。这其中，既有相互的合作，也有相互的斗争。事实上，除这3个机构外，其他一些团体也在一定程度上影响了公认会计原则的制定。可以说，公认会计原则是各方利益相互斗争和妥协的产物"（刘峰，1996）。

与此同时，安然事件再次引发了相关组织对美国会计准则制定权的争议，争议的焦点之一就是会计准则完全由民间机构性质的会计准则委员会制定是否合适？国会或政府部门是否应当在会计准则的制定方面发挥更大的作用？越来越多的人主张国会和证券交易委员会应当更多地介入会计准则的制定，而不应是仅仅对会计准则委员会制定的准则行使否决权。

对此，2002年7月25日，美国国会通过的《萨班斯-奥克斯利法案》做出了积极反应，法案要求会计准则制定机构必须为民间机构，但应有采纳一套程序确保准则制定机构对于紧急会计问题和快速变化的企业实务以及经济环境能够做出迅速反应，进而及时制定或者修改有关的会计准则。由此可见，虽然美国一直坚持民间机构制定会计准则的立场，但是政府对于准则的关注和干预却从未停止过。美国会计准则制定权安排是政府与民间机构充分博弈和利益均衡的结果，这种结果使得会计准则经济后果更具公平性和合理性。

二、财务会计准则委员会取得准则制定权后的应对措施

如前所述，会计准则的经济后果必然使准则制定机构遭受巨大的压力。在美国会计准则制定的历史上，曾先后有会计程序委员会、会计原则委员会和财务会计准则委员会负责。会计程序委员会和会计原则委员会因无力抵制外界集团的压力而遭到解散，而财务会计准则委员会成立后事实上也遭受了很大压力，尤其是面临着那些受拟定中准则影响的利益集团游说的压力。但FASB在压力面前，通过加强该机构的独立性、增强准则制定人员的广泛代表性和采用充分程序，充分考虑了各个利益集团的需求，从而最大限度地回应了社会压力，并一直执掌会计准则制定权至今。

(一) 财务会计准则委员会的独立性

与前两任准则制定机构相比,财务会计准则委员会最大的一个变化是其在组织形式上不再隶属于美国注册会计师协会,而是一个独立的机构,归属于由 9 个职业团体的代表组成的财务会计基金会。财务会计基金会负责任命财务会计准则委员会委员以及咨询机构咨询委员会的委员。财务会计准则委员会委员不再是兼职、无报酬的,而是专职的、有报酬的。同时,财务会计基金会负责筹措财务会计准则委员会的资金,确保它在工作过程中不依赖外界资金的资助,从而免受外界资助机构的影响。

(二) 准则制定人员的广泛代表性

财务会计准则委员会之前的准则制定机构缺乏广泛的代表性,因此备受责难。而财务会计准则委员会为了促进其所制定的准则能够为各个利益集团所接受,在代表性上作了根本的改进。这主要表现在:首先,财务会计基金会由多个赞助团体组成,成员共有 16 名,他们代表的团体及名额分配为:美国会计学会 (1 名)、美国注册会计师协会 (4 名)、财务分析师协会 (1 名)、财务经理协会 (2 名)、全国会计师联合会 (1 名)、证券行业协会 (1 名)、各政府会计团体 (3 名)。以上 13 名成员再提名选出 2 名成员 (其中 1 人必须来自商业界、另外 1 人一般应为商业人士),最后一名成员是美国注册会计师协会的高级官员。其次,财务会计准则委员会不再是注册会计师协会一家的天下,在 7 位委员中,只有 3 名是注册会计师,其余 1 名来自经济分析界,1 名来自教育界,2 名来自工商企业界;此外,财务会计准则委员会咨询委员会成员来自几乎所有关注会计准则的行业和部门,包括政府、学院、大小企业、投资人、债权人等利益集团,他们通过定期与财务会计准则委员会委员的商谈,来传递各自利益集团的意见。由于在财务会计准则委员会的机构组成中每个团体都有成员代表其自身的利益,才使得它所发布的准则得到众多利益集团的支持。

(三) 采用充分程序

财务会计准则委员会在制定准则过程中有一套充分的制定程序，以确保其能充分地吸收、采纳各方意见。美国会计准则制定程序归纳如下：第一，在会计准则咨询委员会等各方协助下，提出待议项目；第二，专业代表组成专题研究组，与会计准则委员会对会计准则涉及的问题进行研究，拟定备忘录供社会各界参与讨论、审查；第三，召开公开听证会，征求意见；第四，根据收到的意见，拟定征求意见稿，向社会公开征求意见；第五，举行听证会，根据各方对征求意见稿的评价，委员会投票做出决定，即是否发布会计准则或再次征求意见。同时，几乎从准则立项开始，一直到准则最后发布，过程中的所有会议都对外公开。这样一个个反复的过程，保证了社会各界尽可能参与会计准则的制定，从而大大地提高了会计准则发布后的实际可推行性。

由于采用了以上改进措施，财务会计准则委员会在准则制定过程中能充分听取各方意见，最终所发布的准则得到了众多利益集团的支持。这从财务会计准则委员会 1980 年前和 1980 年之后所发布的准则得到社会认可程度的比较上，可以得到证实（刘峰，1996）。

总之，从财务会计准则委员会取得准则制定权后的应对措施来看，会计准则的经济后果决定了准则制定机构的命运，准则制定机构如果不能意识到会计准则的经济后果，或者意识到了会计准则的经济后果，但无法协调会计准则经济后果对各方的利益，不能处理好经济后果相关各方的关系，那么准则制定机构将被利益各方逐出这个游戏圈，取消其资格。

三、美国会计准则制定导向演变的经济后果观

在本章第二节中，我们介绍了以规则为基础和以原则为基础制定准则的模式及其利弊。其实，在会计准则的制定方式和导向方面，采用原则导向或规则导向孰优孰劣，未经长期实践检验尚难下结论。但是从经济后果的角度出发，我们可以发现美国会计准则导

向变迁的思想轨迹。

（一）规则导向的会计准则是美国各种现实利益权衡的结果

规则导向之所以在美国产生，从根本上讲存在以下几方面的原因。

其一，美国是一个"好讼"的国家，同时美国的法律强调保护投资者，赋予了注册会计师很大的法律责任，由于"深口袋"理论的影响，注册会计师涉讼的风险非常大。一旦涉讼，注册会计师通过财务概念框架中的逻辑推理来为自己解脱责任往往是不可行的，而具体、明确、细致的类似法律条文的准则更能赢得法庭的认同。因此在诉讼的压力下，注册会计师为了防范潜在诉讼的风险，客观上要求详细、明确的准则来支持客户的财务报告。此外，在争取客户的激烈竞争中，详细、明确的准则可以提高同业之间就某一具体问题而达成一致处理意见的可能性。由于其他注册会计师都必须遵循同样的准则，客户"购买审计意见"的威胁就变得无效，注册会计师可以避免出具可能成为审计失败的报告决策，从而留住客户。因此，详细、明确的准则不仅可以防范潜在的诉讼风险，还可以留住审计客户，满足了注册会计师团体的利益要求，他们自然倾向于规则导向的会计准则。

其二，企业在处理会计实务时，也倾向于有具体的会计准则进行指导。会计准则是一种制度安排，具体细化的会计准则可以减少制度的不确定性。我们不能指望具体从事会计工作的人员都能像会计学家一样，一切从理论出发，进行严格的推理，得出实务上最能反映经济实质的会计处理方法。现代企业管理层次增多，站在企业管理层的角度对下属公司进行绩效考评，也需要有一个可比的基础，规则导向能够满足这一要求。

其三，资本市场监管者同样倾向于规则导向，因为他们面对着数目众多的企业，企业之间的可比性就上升到重要的地位。只有可以量化的会计实务才可以达到至少是在形式上的公平，减少监管者与被监管企业的摩擦。

因此，美国会计准则的规则导向是众多的利益相关者在利益的博弈过程中形成的结果,更多地服从相关利益团体的需要。2002年,财务会计准则委员会发布的题为《美国会计准则制定中的原则导向法》的征求意见稿也提出,详细、具体和繁杂的美国会计准则(即规则导向)是需求推动的(demand-driven)。国际会计准则委员会主席 David Tweedie 在美国国会作证时也认为,美国准则的规则导向是那些受准则约束和影响的对象(con-stituents)要求的结果:公司需要具体的准则,以减少交易安排(structure)的不确定性;审计师需要具体的准则,可减少与客户之间的分歧并在诉讼中自我保护;证券管制者需要具体的准则,因为通常具体的准则更容易监督执行。① 我国学者平来禄等(2003)认为规则导向的会计准则是企业和会计职业界需求的产物,它不是会计准则制订机构主动提供的。换言之,即便美国会计准则转换为原则导向,它也会因为实践的需要而逐渐修订、过渡到规则导向。

(二)原则导向会计准则在一定程度上也是经济后果推动形成的

1. 规则导向会计准则的不利经济后果

关于规则导向会计准则的弊端前文已详细述之,包括规则导向的会计准则包含了大量详细而具体的界线检验,而这些界限检验的设定缺乏一定的理论基础;规则导向的会计准则过于详细,容易导致前后矛盾;规则导向的会计准则在实务中很容易被操纵以及规则导向的会计准则制定和实施的成本较高等。其实在安然事件以前,相当长时间以来,美国由于其积累的丰富的会计准则制定经验和充分、公允及透明的会计准则制定程序,使得其制定的会计准则被奉为圭臬,成为其他国家纷纷效仿和借鉴的对象。然而安然等美国国内一系列上市公司的财务欺诈案件的曝光震惊了全世界。安然宣布破产的第二天,五大会计师事务所就联合发表声明,认为现有的会

---

① 转引自平来禄等:《后安然时代的会计准则:原则导向还是规则导向》,《会计研究》,2003 年第 5 期。

计准则制定程序复杂、反应迟缓,需要进行改革(Berardino,2002);英国特许公认会计师公会(ACCA)随后发表看法,认为美国以具体规则为基础的准则,会使一些人利用法律的漏洞,从而轻视专业判断,要求美国采用国际会计准则,以取代现行的公认会计原则;国际会计准则委员会原主席 David Tweedie 在对美国参议院证词中认为,美国的会计准则需要采纳以原则为基础的机制;美国证券交易委员会原主席 Harvey L. Pitt 的证词也批评说"准则不是建立在广泛的原则基础上,因而缺乏灵活性,导致了更多的仅为了达到会计目的而非经济目的的财务操纵"。① 与此同时,美国国内也开始对其制定会计准则的方式进行反思。在审视和分析一系列财务欺诈出现的原因时,美国会计界也意识到美国现有的规则导向会计准则制定存在重大的缺陷,例如以具体规则为基础的准则总是落后于金融创新业务,而且企业可以通过业务安排和组织设计轻而易举地逃避准则的约束。国际会计师联合会职业道德委员会原主席 Pendergast 认为,以规则为基础的会计准则的最大危险是,人们不能满足所有的规则。而当有事件发生时,他们会加以辩解:"我的情况没有被准则包括,所以不应有问题。②"

因此,为了解决规则导向会计准则存在的问题,避免类似于安然等财务欺诈丑闻的再次发生,美国证券交易委员会、财务会计准则委员会等部门开始评估采用原则导向的可行性,证券交易委员会于 2003 年 7 月 25 日向国会提交了《按照 2002 年萨班斯-奥克斯利法案 108(d)条款要求对美国报告系统中采用基于原则的会计体系进行研究的报告》(简称《体系研究报告》),该《体系研究报告》经过充分的经济和政策分析,提出原则导向的会计准则才是最佳选择。相比之下,原则导向会计准则要求会计处理反映交易的

---

① 转引自车幼梅、吴小峰:《美国会计准则向"以原则为基础"回归述评》,《财会通讯》(综合版),2004 年第 5 期。
② 转引自汪祥耀等:《当前美国会计准则的发展趋势及若干思考》,《会计研究》,2003 年第 5 期。

实质而非形式，所以有利于会计信息质量的提高。"不论是从会计信息质量的角度还是从成本与收益的观点来分析，会计准则的原则基础法从总体上优于规则基础法。"①

2. 原则导向会计准则满足了美国国内部分利益团体的需求

作为一种可以影响社会财富分配的标准，会计准则制定机构在现实环境下想要处于完全超然的地位只能是一种理想。美国会计准则的规则导向是相关利益团体需求均衡的结果，而美国会计准则从规则导向到原则导向的转变，其实在一定程度上也是相关利益团体为了满足自身需求另一次成功游说的结果。

安然事件爆发之后，安达信以及五大会计师事务所都发表声明，认为事务所没有严重过失，是"被蒙骗"。但是安然事件的错误如此巨大，必须得有人来承担责任，安达信为自己"开解"找了很多理由，而其中重要的理由之一就是美国会计准则出了问题。同时，广大投资者怨声载道，纷纷指责美国证券监管层监管不力。政府为了维护自己的管制权，有必要向公众做出一个令人满意的交代，《萨班斯-奥克斯利法案》就是在此背景下出台的。因此，政府作为一个特殊的利益实体，总会想方设法为自己开脱责任，会计准则理所当然就成为它的指责对象。例如，美国证券交易委员会主席Harvey L. Pitt（2002）在美国参议院一个委员会所举行的听证会上就指出，"近来美国财务会计准则委员会的很多指南都变成了规则基础和复杂化了，衍生工具和证券化就是其中的例证。由于准则是基于规则导向而不是原则导向的，这些准则不能充分适应未来市场发展。"这在一定程度上表明证券交易委员会把责任推向了财务会计准则委员会。而事实上证券交易委员会作为法定的准则制定机构，却将准则制定权委托给财务会计准则委员会这样的民间机构，自己只保留了相应的监督权，不能说没有规避责任的考虑。

此外，历史的事实也证明当证券市场出现危机之时，会计准则制定组织（包括 CAP、APB、FASB）总是公众及监管层共同指责

---

① 林斌等：《会计准则的定位：一项调查的分析性研究》，《会计研究》，2004 年第 3 期。

的对象。由此美国财务会计准则委员会的地位就非常尴尬：会计职业界批评它，证券交易委员会批评它，甚至连企业界也不乏批评的声音。因此，为了开脱责任，美国国会将美国会计准则的规则导向作为安然事件的帮凶之一是顺理成章的，而迫于各方压力的证券交易委员会提出了目标导向的会计准则。由此可见，而美国会计准则从规则导向到原则导向的转变，其实很难说不是相关利益团体的另一次成功游说，是他们开脱责任的"合理理由"。

3. 采用原则导向会计准则，有利于美国进一步争夺国际会计准则制定的主导权

采用原则导向会计准则，缩小了美国会计准则与国际会计准则在制定模式上的差异，这有利于美国进一步争夺国际会计准则制定的主导权，是美国争取会计准则国际趋同利益的表现。从世界范围来看，会计准则国际趋同已是大势所趋，其实质是各国通过争取国际会计准则制定的主导权，制定对己有利的国际会计准则，并附加于各种国际经济事务之上，从而导致国际财富的转移。近年来，美国一改昔日的冷淡态度，转而积极参与国际会计准则委员会的各项事务，以谋求国际会计准则制定的主导权，并已取得了相当大的进展。2001年，国际会计准则委员会基本按照美国的意愿以及美国财务会计准则委员会的模式改组成为新的准则制定机构国际会计准则理事会（IASB），其14位理事中，来自美国的专家就占了5位，其中2位来自美国财务会计准则委员会；IASB进行的13个改进项目中，有4项是为了明确地与美国相关准则的趋同而设立的。国际会计准则明确地以"原则为基础"，因此美国会计准则与国际会计准则在制定导向上的差异，一直是美国与国际会计准则协调的巨大障碍，阻碍了美国对国际会计准则制定权的进一步攫取。在国际、国内的双重压力下，美国决心改革会计准则制定模式，采用原则导向会计准则，这样既可以缓解社会各界对现有准则的批评，又可通过对现有准则的适当梳理，提高准则的质量，更重要的是，这一改革举措的战略意图是实现与国际会计准则制定模式的趋同，为进一步争夺国际会计准则制定主导权创造条件。这也许正是《体系研究报告》得出这样结论的重要原因：美国采用目标导向会计准则

的收益应当大于成本。

四、游说对美国会计准则制定的影响

在美国,游说虽然没有被明确写进美国宪法里面,但是游说已经被广泛认可为是一种存在于美国政治过程中并且发挥着举足轻重的作用的一种正式的、制度化的政治。在游说活动中,游说政治的各个主体充分发挥自己的优势,运用一切可能的办法来影响国会立法和行政政策的制定,甚至总统有时也会运用游说的方法来影响国会的立法。游说显然是为了国会或政府制定有利于游说主体的政策。游说主体在运用各种游说策略的过程中往往会把社会上大多数有共同利益或需求的人都调动起来,使其参与到游说过程中来,客观上就使社会参与到政策制定过程中来,制定出来的政策往往在一定程度上反映了广大人民的利益。所以,游说也是社会参与政策制定的过程,在一定程度上有利于政策的制定和执行。

美国是世界上制定会计准则历史最长的国家,第一份公认会计原则(GAAP)颁布于1937年。在其颁布会计研究公告(ARBs)、会计原则委员会意见书(AIPBOs)和财务会计准则公告(SFAS)的过程中,几乎每一份会计准则都要举行听证会,邀请会计界、工商界的人士进行质询或争论,也就衍生了会计信息利益相关集团对规范会计信息的会计准则的游说活动(杜兴强,2003)。本章第三节内容正是比较典型的游说案例。在美国,美国的财务报表提供者形成了有组织的团体,如首席财务官国际协会(the Financial Executive International,FEI)、企业圆桌会议(Business Ruondtable)和各种行业组织。当其成员认为拟颁布的准则会对其产生不良影响时,这些组织就会对FASB进行强有力的游说活动,包括大量负面评价的信函,威胁不再支持该准则制定机构,以及求助于政府高级官员来影响准则的制定等。

虽然美国公司频繁的游说活动使其国内的会计准则制定机构经受了各方面的巨大压力,同时也在一定程度上造成了准则的推迟发布。但是游说活动也是利益各方进行准则博弈的重要途径,是会计准则政治化的典型表现。按照 Watts 和 Zimmerman(1978、1979)

的观点，对会计准则制定提供反馈意见要么出于科学性考虑，要么出于利益考虑；会计准则除了技术性之外，还具有一定的经济后果性，且后者比前者对完善会计准则的制定具有更大的影响力，也直接关系到已制定的会计准则能否在企业实务中得以顺利实施。美国国内大量的游说活动，使美国会计准则制定机构接收到了充分的反馈意见，最终所发布的准则得到了众多利益集团的支持。

第四章 会计准则制定经济后果的现实状况：基于我国经济背景

第一节 我国会计准则发展的历史回顾

一、会计准则的探索阶段（1979—1992年）

我国最大的会计专业团体——中国会计学会于1979年底成立，并在1983年的年会上第一次正式提出研究会计原则和会计准则。1985年，中国会计学会又将会计原则和准则问题列入了该会当年的"科研规划选题计划"，并号召全国会计界开展对会计原则和准则的研究。1987年，中国会计学会在当年的年会上正式成立了会计原则及会计基本理论研究组，该研究组的任务是研究中国会计原则（准则），起草研究报告，提交给财政部，这是我国第一次有组织地把研究会计原则（准则）当成一件事情来做。1989年1月，中国会计学会和会计原则及会计基本理论研究组在上海召开了第一次会计准则研讨会，并在全国范围内公开征文，这是我国第一次在全国范围内进行的关于会计准则研究的征文活动，同时将会计原则及会计基本理论研究组改称为会计理论与会计准则研究组。

在中国会计学会开展会计准则研究的同时，财政部会计司于1988年10月成立了会计准则课题组，并具体负责我国会计准则的制定工作。在会计准则课题组成立后不久，财政部会计司于1989年3月发布了《关于拟定中国会计准则的初步设想（讨论稿）》和《关于拟定我国会计准则需要讨论的几个主要问题（征求意见稿）》两份文件，这是由会计准则制定机构发布的最早的两份公开性文件。在此基础上财政部会计司于 1991 年 11 月发布了《中华人民共和国会计准则（草案）提纲》，之后对其进行了两次修订。1992 年 2 月，财政部在深圳召开了第一次会计准则国际研讨会，召集了来自国务院等有关政府部门、会计学术界和部分大专院校的学者，还邀请了国际会计准则委员会的有关负责人，对修订后的草案进行广泛而深入的研讨。经过前述精心而广泛的准备后，1992 年 11 月 30 日，经国务院批准，时任财政部部长刘仲藜正式签发了《企业会计准则——基本准则》，要求于 1993 年 7 月 1 日起实行，这标志着我国会计准则正式诞生。从 1988 年 10 月会计准则课题组成立起，到 1992 年 11 月我国正式发布《企业会计准则——基本准则》为止，我国基本会计准则的制定大约经历了四年时间。

二、会计准则逐步建立阶段（1992—2005 年）

1992 年发布的《企业会计准则——基本准则》就企业会计核算的基本前提、基本原则、会计要素的确认和计量、财务报告等做出了原则性规定。按照建立企业会计准则体系的设想，还必须制定具体会计准则。为了使我国会计准则与国际会计相协调，我国在具体会计准则起草的过程中，聘请了外国咨询专家与我国会计准则组成人员共同研究起草会计准则，同时还召开了多次会计准则国际研讨会，征求外国专家的意见和建议。此外，为了使起草的会计准则切合我国的实际情况，财政部还通过多种形式，征求社会各界特别是会计理论界、会计实务界的意见。

1994 年 2 月至 1996 年 1 月，财政部会计司开始陆续公开发布具体会计准则的征求意见稿，曾先后发布了 6 批共 30 项征求意见稿。本来我国具体会计准则的讨论与发布是有计划、按部就班地进行，但 1997 年"琼民源"事件的爆发，打乱了我国具体会计准则的出台顺序，催促了我国第一项具体会计准则《关联方关系及其交易的披露》的提前诞生。《关联方关系及其交易的披露》的发布，拉开了我国制定具体会计准则的序幕。此后财政部又于 1998 年先后发布了《现金流量表》、《资产负债表日后事项》、《债务重组》、《收入》、《投资》、《建造合同》、《会计政策、会计估计变更和会计差错更正》等 7 个具体会计准则；1999 年发布了《非货币性交易》准则；2000 年发布了《或有事项》准则；2001 年初发布了《无形资产》、《借款费用》、《租赁》等 3 个具体准则，并对《现金流量表》、《投资》、《债务重组》、《非货币性交易》、《会计政策、会计估计变更和会计差错更正》等 5 个准则进行了修订；2001 年底发布了《中期财务报告》、《存货》、《固定资产》等 3 个具体准则。2002 年，财政部通过报纸等媒体发布了《每股收益》、《财务报告的列报》等准则的征求意见稿。2003 年，财政部修订了《资产负债表日后事项》准则。截至 2005 年 12 月 31 日止，我国已经陆续发布、实施了 16 项具体会计准则。

三、会计准则体系的建立和完善阶段（2006 年至今）

2005 年伊始，财政部主管会计工作的有关官员多次宣布 2005 年将是中国会计准则的建设年。时任财政部会计司司长刘玉廷在布置 2005 年会计改革任务时，将建设会计准则体系作为当年的首要任务。他将 2005 年的工作目标确定为：建立健全与我国社会主义市场经济相适应并与国际会计准则充分协调的、可独立实施的会计准则体系，该体系将涵盖企业涉及的各类经济业务。2005 年 6 月到 2006 年 1 月，我国先后分 5 次向各界发布了一项基本会计准则、21 项具体会计准则的征求意见稿，修订了原先的 16 项具体会计准则。经过广泛征求意见，综合各方意见反馈和修订，2006 年 2 月 15 日，财政部在中国会计审计准则体系发布会上正式发布了新的会计准则体系。新会计准则于 2007 年 1 月 1 日首先在上市公司范围内施行，目前已扩大到几乎所有的大中型企业。企业会计准则体系的发布，标志着与我国经济发展进程相适应的、与国际财务报告准则趋同的企业会计准则体系的正式建立，这是我国会计发展史上新的里程碑。

新会计准则体系由 1 项基本准则、38 项具体准则构成。新会计准则体系中的基本准则在整个准则体系中起统驭作用，主要规范会计目标、会计基本假定、会计基本原则、会计要素的确认和计量等。具体会计准则分为一般业务准则、特殊行业的特定业务准则和报告准则三类。其中：一般业务准则主要规范各类企业普遍适用的一般经济业务的确认和计量，如存货、固定资产、投资、无形资产、资产减值、借款费用、收入、外币折算等准则项目；特殊行业的特定业务准则主要规范特殊行业中特定业务的确认和计量，如石油天然气开采、农业、金融工具和保险合同等准则项目；报告准则主要规范普遍适用于各类企业通用的报告类准则，如现金流量表、合并财务报表、中期财务报告、分部报告等准则项目。应用指南是对特定准则在实务运用中的某些重点、难点、关键点做出的解释和说明。新会计准则体系的三个层次逐级递进、互相配合、共同作用，形成了一个层次分明、科学合理、全面系统完整的体系，被时任财政部副部长王军誉为"与中国国情相适应同时又充分与国际财务报告准则趋同的、涵盖各类企业各项经济业务、能够独立实施的会计准则体系"。

新会计准则体系发布后，财政部官员和社会各界都对此给予了高度评价。时任财政部部长金人庆认为，新会计审计准则的发布，是我国会计审计史上新的里程碑，对促进经济社会发展、全面建设小康社会具有重要意义。时任财政部副部长、中国会计准则委员会主席楼继伟认为，新会计准则体系的建立，实现了我国企业会计准则建设新的跨越和突破，实现了与国际会计惯例的趋同，并为改进国际财务报告准则提供了有益借鉴。国家审计署、国务院国有资产监督管理委员会、中国证券监督管理委员会等监管部门代表认为，两大准则体系的发布实施，为进一步强化监管工作提供了有力支持，有利于促进资本市场健康稳定发展，有利于维护经济秩序和社会公众利益。时任国际会计准则委员会主席 David Tweedie 指出："中国企业会计准则体系的发布实施，使中国企业会计准则与国际财务报告准则之间实现了实质性趋同，是促进中国经济发展和提升中国在国际资本市场中地位的非常重要的一步。"[1]

2014年，为了适应社会主义市场经济发展需要，进一步完善

---

[1] 参见中国会计学会网：《中国会计审计准则发布会在京举行》，2006年2月20日。

企业会计准则体系，提高会计信息质量，财政部又发布了《企业会计准则第 39 号——公允价值计量》、《企业会计准则第 40 号——合营安排》和《企业会计准则第 41 号——在其他主体中权益的披露》。截至目前，我国会计准则体系由 1 项基本准则和 41 项具体准则构成。

第二节　新会计准则体系的显著特点与重要变化

一、新会计准则体系的显著特点

（一）新会计准则体系突出了资产负债观，淡化了收入费用观

会计准则制定中的资产负债观是指在规范某类交易或事项时，首先规范由此类交易或事项产生的有关资产和负债的确认、计量，然后再根据所定义的资产和负债的变化来确认收益。收入费用观是指在交易或事项发生后，首先规范收入、费用要素的确认和计量，然后据以确认和计量资产、负债要素。

多年来，利润一直是考核企业管理层业绩、衡量企业能力的重要指标，因此利润表在我国企业会计报表体系中一直居于重要地位。但是，利润反映的毕竟只是企业某一时期的经营成果，会计准则的制定如果片面侧重于利润表，容易为一些企业留下追逐短期利益和操纵利润的空间。新会计准则体系确立了资产负债表观的核心地位，要求详细考察每笔交易和事项对企业资产和负债的影响，确保企业各时点上的资产和负债存量的真实准确，从根本上明确该交易或事项对企业财务状况产生的影响。在资产负债表观下，要求企业及时计提资产减值准备，如实反映资产未来经济利益，不高估资产价值；要求企业合理确认预计负债，全面反映现实义务，不低估负债和损失；要求企业采用资产负债表债务法核算企业所得税。企业只有在资产减去负债后的余额，即所有者权益增加的情况下，才表明企业价值增加了，股东财富增长了，突破了单纯的利润考核观念，促使企业着眼于企业长期战略,改善资产负债管理,优化资产和资本结构,避免眼前利益和收益超前分配,提高决策水平。

(二) 新会计准则体系强调原则导向

新会计准则体系突出了原则导向的使用。例如,针对借款费用问题,强调按照经济业务的实质进行会计处理,允许存货占用资金的费用有条件的资本化;投资性房地产准则规定,可以对投资性房地产有条件地采用公允价值进行后续计量,表明准则对公允价值的运用主要是提供原则标准,实务操作中只能依靠职业判断对投资性房地产的后续计量采用自己认为最适当的方式。在处理非货币性资产交换问题时,要求企业关注交易各方之间是否存在关联方关系,因为关联方关系的存在可能导致发生的非货币性交换不具有商业实质,这个规定同样给会计人员留下了较大的职业判断空间。再比如,在确定合并报表范围时,也应根据实际控制情况判断,而不一定以股权比例作为唯一依据。

(三) 新会计准则体系在信息披露方面突出了充分披露原则

新会计准则体系在信息披露方面突出了充分披露原则,提高了会计信息透明度,保护了投资者和社会公众利益。企业会计准则体系对现行的财务报告披露要求进行了全面梳理和显著改进,创建了较为完整的财务报告体系,突破了传统的单一会计报表的概念。按照《企业会计准则》的要求,企业必须编制资产负债表、利润表、现金流量表、所有者权益(股东权益)变动表和附注;附注应当提供充分、详细、及时的补充信息;企业所有控制的子公司都应当纳入合并报表范围;中期财务报告应当定期提供,并采用与年报相一致的会计政策等。会计准则对会计信息披露时间、空间、范围、内容等的全面系统规定,使企业财务报告的内涵与外延大大延伸,从而可以大大提高企业的会计信息透明度,有效维护投资者和社会公众的知情权,体现保护投资者和社会公众利益的基本理念,促进资本市场健康发展,推动建立公开、公平、公正的市场经济秩序。

二、新会计准则体系的重要变化

新会计准则充分考虑了中国特殊的经济环境和社会环境,修订了若干业务核算准则,较多地压缩了会计估计和会计政策的选择项目,规范和控制了企业对利润的人为操纵。此次新会计准则中主要变化的内容有存货计价管理、资产减值准备计提、债务重组方法、公允价值应用等。这些将对企业的利润、每股盈余等财务指标产生重要的影响。此外,新基本准则中的会计基本原则,继续保留了谨慎原则、重要性原则、实质重于形式原则等,也强调了可比性、明晰性、一致性等原则,但是权责发生制和历史成本计价不再作为会计核算的基本原则。

(一) 存货计价管理

原存货准则允许企业发出存货的实际成本既可以采用先进先出法也可以采用后进先出法,这给企业带来了一定的利润操纵空间。当存货价格处于上涨时期,若采用先进先出法,记入当期成本的是最低价格的存货,结果是增加了当期利润。采用后进先出法,记入当期成本的是最高价格的存货,结果是减少了当期利润。若存货价格处于下降时期则正好相反,即采用后进先出法会减少成本,增加利润,采用先进先出法则增加成本,减少利润。新准则取消了后进先出法,使企业不能再利用变更存货计价方法来调节当期利润水平,便于对企业的经营业绩进行分析和比较,提高了会计信息的使用价值。

(二) 资产减值准备计提

运用资产减值准备的计提和冲回操纵企业利润是我国一些上市公司使用的重要手段之一。主要表现为在公司盈利上升的年份通过大量计提资产减值准备来"隐藏"利润,而在盈利下滑的年份通过大量冲回以前计提的资产减值准备来"释放"利润。针对利用减值准备计提和转回操纵利润的问题,新资产减值准备准则指出,"固定资产跌价准备"、"在建工程跌价准备"和"无形资产跌价准备"等长期资产减值准备计提后在以后会计期间不得转回，只能在处置相关资产后再进行会计处理，这在一定程度上遏制了企业的利润操纵行为。

(三) 债务重组

原债务重组准则规定，企业发生的债务重组收益计入资本公积，在新的债务重组准则中，改变了现行的将企业发生的债务重组计入资本公积的做法，将原先因债权人让步而导致债务人豁免或者少偿还负债而产生的债务重组收益计入营业外收入。对于实物抵债业务，引入公允价值作为计量属性。显然，按新准则，一些无力清偿债务的公司，一旦获得债务全部或者部分豁免，其收益将直接反映在当期利润表中，可能极大地提升其每股收益水平。

(四) 公允价值的运用

在新颁布的会计准则中公允价值计量方法的运用是此次准则修订的一大亮点。我国之前的会计计量方法以历史成本为主，国际财务报告准则则要求广泛使用公允价值，以充分体现相关性的会计信息质量要求。鉴于我国的经济环境，很多资产还没有形成活跃市场，会计信息还是应以可靠性为主，所以新会计准则强调适度、谨慎地引入公允价值，主要在金融工具、投资性房地产、非共同控制下的企业合并、债务重组和非货币性交易等方面采用了公允价值，规定只有存在活跃市场、公允价值能够获得靠计量的情况下才能采用公允价值计量。

第三节　新会计准则实施的经济后果分析：以所得税会计准则为例

在现代社会，所得税是国家的重要收入来源，也是公司最重要的一项税负。随着现代经济的发展，所得税会计的发展越来越受到重视。很多国家的所得税会计发展至今经历了一系列的变迁。

一、所得税会计的发展

(一) 美国所得税会计发展历程

美国真正意义上的公司所得税征收,源于 1909 年美国国会通过的《公司税法》。时隔四年,1913 年 2 月 15 日《第 16 项宪法修正案》开始生效,允许联邦政府对公司和个人征收所得税,该修正案也迅速影响到了会计职业界,所得税会计由此产生。1944 年,美国会计程序委员会颁布了《会计研究公报第 23 号:所得税会计》(CAP 23),这是第一个要求对应付所得税进行期内和跨期分摊的权威公报,被视为会计界第一份系统的规范所得税会计处理原则。该公报明确指出所得税在本质上是一种费用,会计与税法之间存在着时间性差异和永久性差异,同时规定只有不重复出现的时间性差异才予以跨期分摊,在摊配方法上允许在债务法与纳税净额法之间进行选择。1959 年,美国会计程序委员会被会计原则委员会取代,会计原则委员会 1965 年 10 月发布第 6 号意见书《会计研究公报的地位》(APB 6),该意见书规定:企业可以采用债务法或者递延法核算所得税,纳税净额法不再作为备选方法。1967 年,美国会计原则委员会第 11 号意见书《所得税会计》(APB 11)规定采用全面所得税分摊法,要求采用递延法对时间性差异进行全面分摊,不得采用债务法和纳税净额法;不能对永久性差异进行跨期摊配,时间性差异将在未来期间通过采用递延法予以转回。第 11 号意见书所主张的递延法在当时引起很大争议,并在实施的过程中暴露出较大的局限,因为该方法无法解决重复出现的项目使资产负债表上递延所得税的余额越来越大的问题。

1973 年,美国财务会计准则委员会(FASB)取代会计原则委员会。1980 年 12 月,会计准则委员会发布第 37 号财务会计准则《资产负债表上递延所得税的分类》(SFAS 37)。但随后 FASB 面临着来自各个不同利益集团的压力,他们就所得税会计程序、方法及存在问题向 FASB 提交了一份研究报告,要求进一步修订所得税会计的递延法。经过长达 3 年的调研活动和意见反馈,1986 年,

FASB发布《所得税会计征求意见稿》,《征求意见稿》建议采用资产负债表债务法对当年和以前年度由企业经营活动所产生的所得税影响进行核算。在广泛听取各方意见的基础上,FASB于1987年12月发布了第96号公告《所得税会计》(SFAS 96),完全取代了第11号意见书,并几乎取代与重新修订了以前所有和所得税会计相关的条款。该公告引入了一个全新的概念暂时性差异取代之前的时间性差异,将资产和负债的账面价值与计税基础之间的差异定义为暂时性差异,并采用负债法对暂时性差异进行跨期分摊。但是,SFAS 96从颁布开始就受到争议。主要原因是,采用资产负债表债务法必须"按照每一笔暂时性差异产生与预计转回期间,逐笔制定详细的时间表",核算过程过于复杂而且成本过高,事实上大部分公司推迟了对该准则的运用。面对第96号公告的局限性以及社会各界的批评意见,FASB随后在1988年、1989年、1991年相继发布了三个同名的会计准则公告《所得税会计处理》(分别为SFAS 100、SFAS 103、SFAS 108),同时推迟了第96号公告生效的日期。之后,为平息一些主要争议,并经过反复的征求意见,FASB于1992年2月发布了比较成熟的第109号会计准则公告《所得税的会计处理》(SFAS 109),该准则基本保留了第96号公告的内容,但是放松了某些复杂而又容易引起争议的方面的要求。事实上,SFAS 109取代SFAS 96的原因之一就是为了回应理论和实务界对APB 11和SFAS 96过于严格的递延所得税资产确认条件的批评。至此,经过几番波折和妥协,采用资产负债表债务法成为现在美国所得税会计的选择。

2006年6月FASB又颁布了第48号解释公告《不确定所得税的会计处理》(FIN 48)。FIN 48是对SFAS 109的解释。FASB发布这一解释公告的目的并不是要影响企业税收策略和行为,而是要使所得税财务报告更加清晰和明朗。2012年2月,美国又将FIN 48收录到《会计标准编码 ASC 740——所得税》(*Accounting Standards Codification Topic 740—Income Taxes*)中,对其原有所得税会计准则进行改编,使其形成一套统一而有序的体系。

(二) 国际会计准则委员会关于所得税会计的发展历程

1979年7月,国际会计准则委员会发布了第12号公告《所得税会计》(IAS 12),要求采用纳税影响会计法进行所得税会计处理。该准则给出了多种所得税会计处理选择,例如采用纳税影响会计法允许在递延法和债务法中选择;递延所得税费用的分摊方法可以采用全面分摊法或者部分分摊法;遇到资产重估的情形,递延税款可以采用调整或不予调整的灵活处理方式。事实上,该准则的出台并没有表明国际会计准则委员会在所得税会计处理中的原则和立场,而是兼顾了多国的做法。

为了解决 IAS12 缺乏原则立场的问题,国际会计准则委员会在1981年专门成立了课题组,负责研究如何修改该准则,但最终也未能达成一致意见。1989年1月,会计准则委员会发布了第33号《所得税会计征求意见稿》(ED 33),建议采用利润表债务法进行所得税会计处理。1994年10月,受到美国所得税会计准则修订成果的影响,IASC 再次发布了第49号《所得税会计征求意见稿》(ED 49),就所得税会计改革征求意见,该征求意见稿基本采纳了美国第109号会计准则公告所提出的处理办法,把所得税的会计处理方法更改为资产负债表债务法。1996年,IASC 正式发布了修订后的国际会计准则第12号《所得税》(IAS 12 修订版),要求采用资产负债表债务法进行所得税会计处理,明确禁止采用递延法。1999年8月,IASC 发布了两项与所得税有关的新的解释公告,第21号《所得税:已重估非折旧资产的收回》和第25号《所得税:企业或其他股东纳税状况的改善》,对修订后的第12号准则进行了补充说明。2000年10月,IASC 又进一步修订了第12号准则中对股利所得税后果的会计处理。2010年12月,IASB 再次发布对 IAS12 的修订《递延所得税:相关资产的收回——对 IAS 12 的修订》。该修订对 IAS 12 的一般原则做出了例外要求。

从美国和国际会计准则委员会制定所得税准则的历程中不难发现,所得税会计准则的制定是在不断实践、不断修订中前行,是综合考虑各利益集团尤其是企业界利益的结果。

(三) 我国所得税会计的发展历程

从我国所得税会计处理的发展历程来看,我国企业所得税会计的发展是从 1983 年缴纳所得税后开始的。1994 年之前,我国所得税会计与财务会计实行统一的模式,企业将所得税看作利润分配的一个项目,在"利润分配"科目核算。

1994 年实施财税制度改革后,所得税会计与财务会计分离,形成了单独的所得税会计。同年 6 月财政部发布 25 号文《企业所得税会计处理的暂行规定》,该规定将所得税看成一项费用,允许企业采用应付税款法或者纳税影响会计法计算所得税。1995 年,财政部又发布了《企业会计准则——所得税》(征求意见稿)。征求意见稿认为,应付税款法存在一些弊端,应该逐渐摒弃采用应付税款法核算所得税,而应该选择纳税影响会计法。不过,财政部在 2000 年颁布的《企业会计制度》中又规定企业可以采用应付税款法或者纳税影响会计法,这与 1994 年的《企业所得税会计处理的暂行规定》相一致。

2006 年,财政部新发布的《企业会计准则第 18 号——所得税》(CAS 18)规定,从 2007 年开始,上市公司只能采用资产负债表债务法核算所得税,非上市公司可以在应付税款法、纳税影响会计法和资产负债表债务法之间进行选择。

二、新所得税会计准则的重要变化

(一) 计税基础的变化

新所得税会计准则首次引入资产的计税基础、负债的计税基础、暂时性差异的概念。

新所得税会计准则基于资产负债观的理念,以资产负债表为核心。所以,在新所得税会计准则下,比较的是资产、负债的计税基础与其账面价值之间的差异,从而产生了暂时性差异的概念。所谓资产的计税基础是指一项资产在未来期间计税时按照税法规定可以税前扣除的金额。负债的计税基础是指负债的账面价值减去未来期间计算应纳税所得额时按照税法规定可予抵扣的金额。当资产的账面价值大于资产的计税基础（或者当负债的账面价值小于负债的计税基础），就形成了应纳税暂时性差异；当资产的账面价值小于资产的计税基础（或者当负债的账面价值大于负债的计税基础），则形成可抵扣暂时性差异。

(二) 所得税核算方法的变化

所得税会计是会计与税收规定之间的差异在所得税会计核算中的具体体现。新所得税会计准则要求采用资产负债表债务法对所得税进行核算。所谓资产负债表债务法，是指以资产负债表中各项资产、负债的账面价值与其计税基础之间的暂时性差异以及适用的所得税税率为基础，确认、计量递延所得税资产和递延所得税负债，并在此基础上确定每一会计期间利润表中的所得税费用。

资产负债表债务法在所得税的会计核算方面贯彻了资产、负债的界定，强调必须严格按照资产及负债的定义反映有关交易的所得税影响，较为完全地体现了资产负债观思想。从资产负债表角度考虑，资产的账面价值代表的是某项资产在持续持有及最终处置的一定期间内为企业带来未来经济利益的总额，而其计税基础代表的是该期间内按照税法规定就该项资产可以税前扣除的总额。资产的账面价值小于其计税基础的，说明该项资产在未来期间产生的经济利益流入低于按照税法规定允许税前扣除的金额，产生可抵减未来期间应纳税所得额的因素，减少未来期间以应交所得税的方式流出企业的经济利益，因此应确认为一项资产，这项资产在会计上就称为递延所得税资产。反之，一项资产的账面价值大于其计税基础的，两者之间的差额会增加企业与未来期间应纳所得额，对企业形成经济利益流出的义务，因此应确认为递延所得税负债。由此可见，资产负债表债务法更加注重交易的实质，它首先关注交易的发生引起递延所得税资产或负债的变化，然后再根据其变动来确认计量本期的所得税费用。资产负债表债务法下计算所得税的公式如下：

本期所得税费用＝本期应交所得税＋（期末递延所得税负债－

期初递延所得税负债）-（期末递延所得税资产-期初递延所得税资产）。

（三）所得税列报和披露的变化

新所得税会计准则要求在资产负债表中，分别通过设置"递延所得税资产"和"递延所得税负债"科目与其他资产、负债分开单独列示。利润表中的所得税费用，不仅包括当期所得税费用，还包括递延所得税费用。在财务报表附注中，新所得税会计准则要求企业在财务报表附注中单独披露所得税费用的主要组成部分与计入权益项目相关的当期和递延所得税总额、对所得税费用与会计利润之间的关系做出解释等七项内容。总体来看，新所得税会计准则下所得税信息的披露更加全面和具体，可以为投资者以及其他财务报表使用者提供更加有价值的信息。

三、新所得税会计准则实施后的经济后果研究——以递延所得税资产为例

下文将以递延所得税资产为例对递延所得税资产确认的经济后果和递延所得税资产会计信息的价值相关性进行研究。

（一）递延所得税资产确认的经济后果研究——以山东 H 公司为例

如前所述，CAS 18 规定企业应当采用资产负债表债务法进行所得税核算，在确认递延所得税资产和递延所得税负债的基础上确定当期所得税费用。在 CAS 18 中，尤其值得关注的是递延所得税资产。CAS18 中虽然首次提出了递延所得税资产的概念，但是对于递延所得税资产的确认却并没有提出严格的限制条件，只是规定在债务法中，企业按照可抵扣暂时性差异和能结转以后年度的可抵扣亏损和税款抵减确认递延所得税资产时，要考虑未来期间应纳税所得额的可能性。而未来期间应纳税所得额主要取决于企业管理层对未来经营活动的分析和预测。因此，企业管理层的主观判断将成为

递延所得税资产确认的重要依据。在此过程中，企业管理层在确认递延所得税资产时所依赖的盈余预测是否合理，是否存在管理层的利润操纵行为以及企业是否按照准则的相关要求进行合理披露等将是所得税会计研究的重要内容。

1. 递延所得税资产确认的一般原则

如前所述，资产和负债的账面价值与其计税基础不同会产生差异，这种差异称为暂时性差异。根据暂时性差异对未来期间应纳税所得额的影响，可将暂时性差异分为应纳税暂时性差异和可抵扣暂时性差异。递延所得税资产产生于可抵扣暂时性差异。该差异在未来期间转回时会减少转回期间的应纳税所得额，从而减少未来期间的应交所得税，因此在可抵扣暂时性差异产生当期，应当确认为递延所得税资产。可抵扣暂时性差异一般产生于资产（或负债）的账面价值小于（或大于）其计税基础的情况，但是对于按照税法规定可以结转以后年度的未弥补亏损（即可抵扣亏损），我国准则规定也应视同可抵扣暂时性差异处理。

进一步分析，递延所得税资产的存在是因为可抵扣暂时性差异具有能够减少未来应税利益的潜在可能性，因此只有企业在未来能获得足够多的应纳税所得额用以抵消可抵扣暂时性差异时，递延所得税资产所代表的所得税支付额减少的经济利益才会真正流入企业，递延所得税资产也才能真正实现其价值。也就是说，递延所得税资产的实现依赖于企业未来应纳税所得额的可获得性。如果企业在未来不能获得足够多的应纳税所得额，即使本期产生了可抵扣暂时性差异，也不能确认为递延所得税资产；对于这一点，CAS 18 明确指出：企业应当以未来期间很可能取得的用来抵扣可抵扣暂时性差异的应纳税所得额为限，确认由可抵扣暂时性差异产生的递延所得税资产。这就是递延所得税资产确认的一般原则，该原则包括两层含义：一是只有当企业估计未来期间能够取得应纳税所得额用以抵扣该可抵扣暂时性差异时，才能确认为本期递延所得税资产；二是如果企业未来期间实现的应纳税所得额小于可抵扣暂时性差异产生的递延所得税资产，则只能以未来期间实现的应纳税所得额为限确认本期递延所得税资产。因此，递延所得税资产的确认在很大程度上依赖于企业在未来期间取得的应纳税所得额，依赖于企业未来期间的经营成果。

2. 递延所得税资产确认的具体依据

前已述及，企业只有在未来期间能够取得足够多的应纳税所得额，才能确认递延所得税资产。但是如何确定企业未来期间取得的应纳税所得额却需要预测和判断，并没有一个统一的标准。就企业而言，该条件是多元化的。企业可以自己的计划、预算和战略目标为依据，也可以行业发展、产业前景甚至国家宏观经济为预期，来证明企业在未来期间能够取得足够的应纳税所得额。在这里，企业管理层的主观判断就具有重要地位了。

历史上，递延所得税资产的确认条件也经历了长期而激烈的讨论。例如，美国财务会计准则委员会颁布的美国财务会计准则第109号（SFAS 109）取代了美国财务会计准则第96号（SFAS 96）和会计准则委员会第11号意见书（APB 11），原因之一就是为了回应理论界和实务界对 SFAS 96 和 APB 11 过于严格的递延所得税资产确认条件的批评。

SFAS 96 号的反对者认为，在确认递延所得税资产时有种种约束条件，只能以现有应纳税暂时性差异在未来发生转回所形成的应纳税所得额和当期及以前两个年度的应付税款和已付税款为限确认递延所得税资产。这样过于保守的递延所得税资产的确认原则会误导投资者。而 APB 第11号意见书对递延所得税资产的确认要求被认为是苛刻得几乎无法实行的。按照会计准则委员会第11号意见书规定，"除非在对亏损后转期未来纳税利益的实现有无可置疑的把握的非常情况下"，否则不得确认递延所得税资产。因此，SFAS 109 号在对递延所得税资产的确认条件上有所放宽。SFAS 109 号要求公司对所有可抵扣差异和可结转以后年度的可抵扣亏损和税款抵减所形成的递延所得税资产予以确认，要求公司在每一个会计年度依据其对未来应纳税所得额的预测情况提取估值准备。

我国 CAS 18 在判断企业于可抵扣暂时性差异转回的未来期间

第三节　新会计准则实施的经济后果分析：以所得税会计准则为例

是否能够产生足够的应纳税所得额时，要求主要考虑企业通过正常的生产经营活动能够实现的应纳税所得额，如企业通过销售商品、提供劳务等所实现的收入，扣除有关的成本费用等支出后的金额。该部分情况的预测，应当以经企业管理层批准的最近财务预算或预测数据，以及该预算或者预测期之后年份稳定的或者递减的增长率为基础。同时 CAS 18 还要求企业在报表附注中披露确认递延所得税资产的依据。从以上分析可以看出，虽然各国对递延所得税资产的确认都做了相关规定，但总的来说都只是一些原则上的规定，企业则具有较大的主观决策权。

3. 案例分析

从所得税费用的计算公式我们可以发现，本期所得税费用的大小与递延所得税资产和递延所得税负债有关。从递延所得税资产的角度来看，本期递延所得税资产确认的越多，本期所得税费用就越少，反映在利润表上就是可以增加企业的当期净利润；反之亦然。也就是说，尽管企业在本期确认的递延所得税资产对企业的利润没有影响，但是却增加了企业的净利润并导致企业净资产的增加。接下来以上市公司山东 H 公司为例进行分析说明，山东 H 公司的有关数据来自于巨潮资讯网。

山东 H 公司是一家以生产和销售粘胶纤维、棉浆粕、帘帆布和无纺布为主的纺织类企业。山东 H 公司 2010 年的年报显示，该企业 2010 年的利润总额为 -468512619.79 元，净利润为 -395469014.10元。同时该年报还显示，企业 2010 年年末的递延所得税资产为 119550340.53 元，年初的递延所得税资产为 36998267.48 元。由此我们不难发现，山东 H 公司在 2010 年确认了高达 82552073.05 元的递延所得税资产，而这正是山东 H 公司 2010 年的净利润之所以高出利润总额的主要原因。进一步查看其年报附注重要项目注释，发现该企业 2010 年确认的递延所得税资产主要包括坏账准备、存货跌价准备、长期投资减值准备、递延收益、未弥补亏损和内部交易形成未实现利润。其中，因为未弥补亏损而确认的递延所得税资产金额最大，达到 69777231.24 元，占全年确认的递延所得税资产的85%。虽然山东H公司在确认巨额递延所得税资产后仍然是亏损,但是这也帮助企业减少了近1/4的亏损,否则企业的亏损将更加严重。但是企业确认如此多未弥补亏损的依据又是什么呢?按照准则规定,企业在确认与可抵扣亏损相关的递延所得税资产时,应当在会计报表附注中说明可抵扣亏损到期前企业能够产生足够的应纳税所得额的估计基础。但是仔细查看山东H公司的年报附注,却没有找到任何解释和说明。

2011年10月13日,山东H公司发布2011年前三季度业绩预亏公告,表示公司产品价格在2011年前三季度出现大幅下滑,而原料价格保持高位运行,将导致前三季度出现较大亏损。由此我们不禁要问:既然山东H公司2011年的业绩如此不尽如人意,那么山东H公司在2010年确认巨额的递延所得税资产到底依据何在呢?其又是以什么作为盈利预测的基础呢?其目的又是什么呢?其中是否存在利润操纵恐怕只有企业管理层自己知道了。

事实上,除了山东H公司外,其他企业也存在类似情况。如S*ST B公司,2006年仅所得税一项即为该上市公司增加所有者权益1247.37万元,而该公司和ST山东H公司一样也是巨亏,那么企业是否有确凿的证据可以证明其在未来期间很可能获得足够的应纳税额用来抵扣这1247.37万元的可抵扣暂时性差异呢?对ST公司而言,差异可转回性是具有的高度不确定性的,而这种巨额的影响公司是如何判断的,我们无法在现有的信息披露中找到答案。

因此,虽然CAS 18就递延所得税资产的确认问题进行了规范,但是规范并不具体而且较难把握,导致还是有部分企业在确认递延所得税资产时具有较大的随意性,并未按照要求确认和披露企业确认递延所得税资产的依据。

4. 结论与建议

随着新会计准则对相关会计业务确认和披露的规范越来越严格,企业利用会计准则操纵税前利润的空间越来越小,导致企业有可能利用递延所得税资产来操纵税后净利润。国外很多文章已经证明上市公司有明显的迹象运用递延所得税资产的确认进行盈余管理。例如 Bauman（2000）用财富 500 强公司作为样本，发现公司利用递延所得税资产估值准备计提进行"洗大澡"的行为。Catherine（2003）也指出递延所得税资产估值准备为管理层提供了盈余管理的空间。因此应该加强对递延所得税资产确认的进一步规范。

具体来说，准则应该减少企业对递延所得税资产的实现可能性进行主观判断的空间，细化判断企业未来应纳税所得额的条件并要求企业及时披露。关于这一点，美国 SFAS 109 号对何为未来应纳税所得额获取能力给出了正面和负面的证据示例。SFAS 109 给出的未来应纳税所得额获取能力的正面证据有：该公司具有数年盈利的历史；已签署的销售合同能够保证未来能产生足够的应纳税所得额以利用递延所得税资产；该公司拥有的一项或多项资产发生增值，其账面价值超过税基的部分足够大以至于可以确保所确认的递延所得税资产的实现。未来应纳税所得额获取能力的负面证据有：该公司以前年度有持续亏损历史；存在可抵扣亏损在税法允许的抵扣期限内没有使用而作废的历史；公司面临重大不确定事件，有可能使公司的未来经营遭受严重打击；预期未来年度该公司会发生亏损。

此外，还应加强对递延所得税资产审计的指导，制定有利于确认递延所得税资产实现可能性的具体审计方法，从外部监督的角度约束企业科学、合理地确认递延所得税资产。例如，日本注册会计师协会审计委员会发布的《关于判断递延所得税资产实现可能性的审计办法》在判断未来期间取得用来抵扣暂时性差异的应纳税所得额的可能性时，将企业分成以下五个类别，并对每个类别分别指出了具体的审计措施：一是每个会计期末都能实现足够超过现有可抵扣暂时性差异的应纳税所得额的企业；二是业绩比较稳定，但会计期末不能实现足够超过现有可抵扣暂时性差异的应纳税所得额的企业；三是业绩不稳定，且会计期末不能实现足够超过现有可抵扣暂时性差异的应纳税所得额的企业；四是存在重大亏损的企业；五是曾在过去几个会计期里连续出现重大亏损的企业。由于这个审计办法对递延所得税资产的确认和计量的管理产生了积极效果，已成为日本会计准则的重要组成部分。

（二）递延所得税资产会计信息的价值相关性研究

如前所述，相比较我国之前采用的利润表法，资产负债表债务法下确认的递延所得税资产和负债更加切合资产与负债的定义，能够更清晰地反映企业的财务状况和经营业绩，有利于投资者对企业价值做出正确评估。因此，从理论上来说，递延所得税会计信息可以提供对投资者决策更为有用的信息，更加符合决策有用性的财务报告目标的要求，具有价值相关性。相关资料显示，已有超过10%的上市公司递延所得税资产在总资产中的比重大于1%。以下将重点研究递延所得税资产提供信息的价值相关性。

1. 理论分析与文献回顾

（1）理论分析。

资产负债表债务法从资产负债观出发，认为每笔交易发生后应首先关注其对资产负债价值产生的影响，再根据资产负债的变化确认损益。在资产负债表债务法下，所得税会计核算首先确认资产负债表中各项资产、负债的账面价值与按税法规定确定的计税基础产生的暂时性差异，在此基础上确认、计量递延所得税资产和递延所得税负债，并由此确定当期的所得税费用。当资产的账面价值小于其计税基础时，说明该项资产在未来期间产生的经济利益流入低于按照税法规定允许税前扣除的金额，产生可抵扣未来期间应纳税所得额的因素，减少未来期间以应交所得税的方式流出企业的经济利益，因此应确认为一项资产，这项资产在会计上就称为递延所得税资产。

从投资决策的角度来看，资产负债表债务法下确认的递延所得税资产体现了公司未来的纳税利益或者未来能为公司带来的实际的现金流，公允反映了资产的未来可收回金额，因而其提供的信息具有更充分的决策价值。此外，递延所得税资产也意味着公司在将来会少交税，代表的是公司未来的现金流入，会增加公司的价值，因而会提高投资者对公司未来盈利能力的预期,提高公司的股价。

(2) 文献回顾。

有关递延所得税资产的价值相关性问题,目前理论界有两种不同的观点:权益观与负债观。权益观的支持者认为,与递延所得税资产有关的现金流量反映的是预期信息,在未来存在很大的不确定性,其现值几乎接近于零,因此,递延所得税资产不具有价值相关性。支持负债观的学者则认为,递延所得税资产代表着未来期间的纳税利益,因此应与股价正相关。

递延所得税价值相关性的实证研究结论也存在着分歧。一些实证研究提供了支持负债观的证据,认为递延所得税资产的披露为财务报告提供了增量价值信息。例如,Amir 等(1997)将递延所得税资产根据其形成原因分成了七类,研究发现不同类别的递延所得税资产不但存在价值相关性,而且其价值相关性强弱也存在重大差异,其中因重组费用确认时间不同而形成的递延所得税价值相关性最大,因资产折旧而形成的递延所得税价值相关性最低。Legoria 和 Sellers(2006)通过检验认为递延所得税资产与未来经营活动现金流具有显著的正相关关系,递延所得税负债与未来经营活动现金流的关系不明显,递延所得税净资产也具有价值相关性。与此相反,也有实证研究提供了支持权益观的证据。Ohison(1992)发现,递延所得税与当期股票收益之间的关系显著程度远低于其他项目与当期股票收益之间的关系,建议投资者不要认为递延所得税具有价值相关性。Huss 和 Zhao(1991)的研究发现债券评级中相关专业分析师在预测盈余时并未考虑递延所得税信息。

我国学者陈丽花(2009)等基于所得税准则对资产负债观进行了实证研究,证实了资产负债观在一定程度上改善了中国上市公司的会计信息质量。李丽娟(2011)等基于 Ohlson(1995)的价值相关性模型,以 2008、2009 两年沪深 A 股上市公司为样本检验了递延所得税会计信息的价值相关性,认为递延所得税会计信息改善了投资者对公司未来盈利能力及资产价值质量的合理估计,具有价值相关性。戴德明(2013)的实证研究表明,相比较利润表债务法和递延法，资产负债表债务法下的所得税会计信息具有增量的价值相关性。以上学者研究的重点基本上都是以递延所得税整体为研究对象。正如前文所述，近几年上市公司确认的递延所得税资产有增无减，而且确认的递延所得税资产均值大于递延所得税负债均值，这在一定程度上说明准则对稳健性的要求降低了，而降低稳健性正是 FASB 所倡导的决策有用目标的要求。因此，接下来本书将集中讨论递延所得税资产的价值相关性。

2. 研究设计

（1）样本选择与数据来源。

本书选取 2012—2014 年度在我国境内上市的 A 股公司为研究对象，并按以下原则进行样本筛选：剔除金融、保险类及 ST 类公司，剔除数据不全的公司。最终得到的有效样本量为 5093 个，其中 2012 年 1589 个，2013 年 1760 个，2014 年 1744 个。本书数据来自 CSMAR 数据库，数据处理和分析使用了 SAS 软件。

（2）研究假设和模型建立。

根据以上理论分析的结果，提出如下假设。

假设：在资产负债表债务法下，递延所得税资产不仅影响公司价值而且与其正相关。

首先采用价格模型研究递延所得税资产和股票价格的相关关系。价格模型以股票价格作为被解释变量，检验股价与特定的会计数据之间的关系。根据 Ohlson（1995）理论，公司的价值可以通过公司的账面价值和剩余收益表示出来，即：

$$MVE_{it} = \alpha_0 + \alpha_1 BVE_{it} + \alpha_2 NI_{it} + \varepsilon$$

本期递延所得税资产的增加会导致所得税费用的减少从而增加净利润，因此净利润中已包含递延所得税资产信息，应该将递延所得税资产从净利润中分离出来，形成下述模型。

模型一：$PRICE_{it} = \beta_0 + \beta_1 BVE_{it} + \beta_2 Adjust\_NI_{it} + \beta_3 NDTA_{it} + \varepsilon$

其中，PRICE 表示公司 i 第 t 年度股票的收盘价格，BVE 表示公司 i 第 t 年度的净资产账面价值。Adjust_ NI 表示公司 i 第 t 年度扣除递延所得税资产后的年度净利润，NDTA 表示公司 i 第 t 年度

第三节 新会计准则实施的经济后果分析：以所得税会计准则为例

的递延所得税资产的净增加值。除PRICE外，其余变量均用年末发行在外的普通股股数进行标准化。

为检验结果的稳健性，还将采用收益率模型同时考察递延所得税资产和股票收益率的相关关系。这是因为 Kothari 和 Zimmerman（1995）的研究结果表明，价格模型虽然斜率系数偏差较小，但模型的异方差问题较严重；收益率模型异方差较小，但斜率系数的偏差较大。他们建议同时使用两类模型以得到更加确定的推断。本文采用以下模型检验递延所得税资产和股票收益率的价值相关性。

模型二：$RET_{it} = \beta_0 + \beta_1 Adjust\_NI_{it}/P_{t-1} + \beta_2 NDTA_{it}/P_{t-1} + \varepsilon$

其中 RET 表示公司 i 第 t 年度股票年收益率，P_{t-1} 表示公司 i 第 $t-1$ 年度股票年末收盘价。其余变量含义同模型一中变量的解释。模型一和模型二各变量具体定义如表4-1所示。

表 4-1　　　　　　　　变量及含义

变量名称	变量含义
PRICE	根据2011—2014年年末的收盘价计算的股票价格
RET	考虑分红的公司股票年度回报率
BVE	每股净资产
Adjust_NI	调整后的每股收益，指扣除递延所得税净资产后的每股收益
NDTA	每股递延所得税净资产，（年末递延所得税资产−年初递延所得税资产）/年末发行的总股数

3. 实证检验分析

（1）描述性统计。

表4-2是模型一价格模型和模型二收益率模型中各变量的描述性统计结果。从表4-2可以看出，模型一中样本公司的每股净资产均值为5.67，调整后每股收益均值为0.48，每股递延所得税净资产最大值为0.92，最小值为−0.45，均值为0.01，该数额无论与每股净资产均值相比，还是与调整后每股收益均值相比，都十分小。

表 4-3 是每股递延所得税净资产分年度描述性统计结果，从表 4-3 来看，样本公司的每股递延所得税净资产 2012—2014 年分别为 0.011、0.013 和 0.014，有逐年上升的趋势，说明递延所得税资产在公司中的地位越来越重要。

表 4-2　　模型中各变量的描述性统计

变量名	样本数	均值	标准差	最大值	最小值
模型一					
PRICE	5093	13.41	10.49	128.97	1.67
BVE	5093	5.67	3.40	34.30	-2.69
Adjust_NI	5093	0.48	0.56	6.71	-2.8
NDTA	5093	0.01	0.04	0.92	-0.45
模型二					
RET	5093	0.047	0.522	11.855	-0.732
Adjust_NI	5093	0.031	0.042	0.477	-0.406
NDTA	5093	0.001	0.004	0.051	-0.056

表 4-3　每股递延所得税净资产的描述性统计：分年度统计

年度	样本数	均值	标准差	最大值	最小值
2012	1589	0.011	0.028	0.415	-0.132
2013	1760	0.013	0.039	0.917	-0.174
2014	1744	0.014	0.043	0.921	-0.45

（2）相关性检验。

为检验本文所提出的假设，在进行多元线性回归前，先通过计算 Pearson 相关系数对各变量进行了相关性分析。表 4-4 列示了主要变量之间的相关系数。结果显示，模型一价格模型中每股净资产、调整后的每股收益以及每股递延所得税净资产均在 1% 的水平上和股票价格存在显著的相关关系。模型二收益率模型中调整后的每股收益和股票收益率在1%的水平上存在显著的的相关关系,每股递延所得税净资产和股票收益率也在1%的水平上存在显著的相关关系。Thomas(1991)等的研究表明,如果解释变量之间的相关系数没有超过0.65,变量之间就不存在严重的多重共线性问题,不会影响多元回归分析结果。从表4-4的结果可以看出不存在严重的多重共线性问题。

表 4-4　　　　　　　　　　**Pearson 相关系数**

变量名	模型一				变量名	模型二		
	PRICE	BVE	Adjust_NI	NDTA		RET	Adjust_NI	NDTA
PRICE	1				RET	1		
BVE	0.486***	1			Adjust_NI	0.229***	1	
Adjust_NI	0.579***	0.627***	1		NDTA	0.047***	0.048***	1
NDTA	0.145***	0.176***	0.135***	1				

注:***表示在1%水平上显著。

(3) 回归分析。

表4-5是回归分析结果。在模型一中,每股净资产和调整后每股收益的系数分别为0.603和8.357(T值分别为13.51和31.25),符号为正,在1%的水平上统计显著,说明每股净资产和调整后每股收益都具有价值相关性,这与Ohlson(1995)理论的预测是完全一致的。在模型二中,调整后每股收益系数为2.695 (t=15.95),在1%的水平上统计显著,表明调整后每股收益具有价值相关性。

在模型一中,每股递延所得税净资产系数为13.814 (t=4.37),符号为正,在1%的水平上统计显著,这说明每股递延所得税净资产与股票价格不仅具有价值相关性而且还是正相关,验证了我们前面的理论分析,即每股递延所得税净资产越大,股票价格越大。在模型二中,每股递延所得税净资产系数为5.027 (t=2.58),显著大于零,在1%的水平上显著,说明具有价值相关性,支持了我们的假设。

表 4-5　　　　递延所得税资产价值相关性回归结果

	模型一		模型二	
	系数	T 值	系数	T 值
constant	5.827***	25.31	-0.044	-4.71
BVE	0.603***	13.51	—	—
Adjust_NI	8.357***	31.25	2.695***	15.95
NDTA	13.814***	4.37	5.027***	2.58
R	0.362		0.054	
Ajusted R2	0.362		0.053	
F	964.29		132.68	

注：***表示在1%水平上显著。

(4) 结论。

本研究以我国 A 股上市公司为研究对象，选取 2012 年至 2014 年上市公司数据为研究样本，利用价格模型和收益模型，实证检验了递延所得税资产会计信息的价值相关性，结果表明：新所得税准则下，递延所得税资产与企业价值显著正相关，递延所得税资产的增加会导致企业价值的增加，表明资本市场投资者将其看作一项真实的资产。同时也说明采用资产负债表债务法提高了所得税的会计信息质量，可以向外部提供决策有用性更高的所得税信息。

第四节　我国经济环境下会计准则经济后果的分析

一、我国会计准则经济后果的动因

20 世纪 90 年代，随着证券市场的诞生和现代企业制度的建立，我国真正进入从计划经济向市场经济的体制转型过程。由此，会计准则在资本市场上开始变得举足轻重，成为业绩衡量和消除信息不对称的重要工具。同时，在我国市场经济的发展中，国家对经济的直接管理手段日趋淡化，取而代之的是通过经济杠杆来引导市场经济的运行。企业作为市场的主体，已由过去计划经济下的单一利益主体逐渐演变为多个利益主体的载体，在经济领域中起着主导作用。市场上的经济利益关系呈现出多元化，尤其是反映企业财务状况和经营成果的会计信息与管理当局、政府、投资者和债权人等各方主体之间的关系日益密切，微观主体的利益需求逐渐凸显。企业利益主体的多元化及其利益的非均衡性，使得会计准则的制定受到更多人的关注，也会有更多的参与者参加到会计准则的制定中来，以寻求自身的利益。因此即使是在我国市场经济发展的初期，会计准则的制定同样和西方发达市场经济国家一样，需要协调各团体的利益，关注会计准则制定的经济后果。

与此同时，社会体制自上而下的转变方式形成了我国最为独特的经济背景，政府既是改革的推动者，又成为被改革的对象之一。我国的上市公司大多是从国有企业脱胎而来，存在着许多先天性缺陷，包括失衡的公司治理机制、不合理的合约和制度安排等方面。这些植根于经济背景的缺陷直接影响着经济后果的产生，也导致我国会计准则的经济后果与成熟的市场经济体制国家存在一定的差异。我国会计准则经济后果产生的主要动因有以下几个方面。

(一) 市场因素：有效市场尚未形成

根据有效市场理论，在一个半强式有效市场中，投资者能识别不影响现金流量的不同会计方法的差异，并能进行调整。因此不影响现金流量的会计准则的变动不会引起股价的变动。在有效市场中，投资者可以看透经理人的操纵行为，使其财务非公平转移的目的无法实现。与有效市场理论相对应的是功能锁定理论，投资者在决策过程中往往锁定某种特定的表面信息，不能充分理解和利用有关信息来评估证券价值从而做出正确的决策。对于会计盈余信息而言，市场对会计盈余信息的功能锁定体现为投资者只注意到名义的账面盈余数字，而对会计盈余的质量缺乏足够的关注，对具有相同会计盈余但盈余质量不同的公司的股票不能合理地区别定价。① 因此如果市场存在功能锁定，那么投资者将不能"看透"财务报表，企业管理当局可以通过选择特定的会计处理程序"蒙骗"投资者，达到非公平转移财富的目的。我国的实际情况是，证券市场存在着大量不能流动的国有股和法人股，这个尚未完全解决的问题制约了一个真正意义上的证券市场的形成，意味着我国证券市场离有效市场的差距较远，其结果是价格不能真正反映证券的真实价值，为上市公司操纵会计利润提供了空间。

赵宇龙（1999）对我国证券市场的功能锁定现象进行了研究，研究结果表明我国证券市场只是机械地对名义每股收益（EPS）做出价格上的反应，不能辨别 EPS 中永久盈余成分的经济含义，我国证券市场不符合半强式效率假说，市场存在"功能锁定"现象。由此实证研究的结果也认为我国的资本市场有效性不足，为非公允的经济后果的产生提供了可能性。

（二）契约因素

在第一章我们讨论了导致会计准则经济后果产生的三大契约因素，即报酬契约、债务契约和政治成本。在我国，上市公司的奖励计划、债务合同往往也是以公司盈利作为制定依据，因此契约因素无疑成为会计经济准则后果的动因。但是我国当前是转轨体制下的经济，在很多方面都与西方成熟的市场经济不同，因此这三大契约因素在我国的影响还不是很突出。对于报酬契约来说，大部分的研究文献将管理者操纵利润的动机归结为在存在红利报酬计划的情况下，管理者可能会选择将未来收益提前到当期的会计政策，这样通过操纵不同时期的会计收益会影响管理者红利报酬的现值，并增加其获得红利的确定性程度。事实上这并不是我国企业经理操纵会计利润的主要原因，管理者实现报酬最大化的盈余操纵动机，在我国体现得并不充分。事实上，我国以国有企业改制为主的上市公司的

---

① 赵宇龙等：《我国证券市场"功能锁定"现象的实证研究》，《经济研究》，1999 年第 9 期。

经营业绩和管理当局的报酬不存在明显的正相关关系。我国上市公司特有的股权结构和意识形态，使得管理人员的个人效用函数中货币报酬只是一个部分，而声誉、社会地位、控制权的满足感却占有相当的比重。公司管理人员除了占有更多的剩余外，还期望得到高度评价和尊重，期望有所作为和成就。由于行政色彩浓厚、"官本位"思想根深蒂固以及传统观念的影响，在报酬中货币收入不多的情况下，管理人员更注重手中的权力、职位的高低。这种激励的隐蔽性使得名义报酬契约流于形式。对于债务契约来说，目前我国债券市场还不发达，国有商业银行对国有企业的约束机制尚不健全，这导致很多债务契约条款并不完善或者仅仅是流于形式，国有银行对企业贷款呆账的严重程度就是最好的印证。因此债务契约对我国企业筹资行为还不具备明显的约束力。至于政治成本假设，西方的大企业是在反垄断的经济背景下才承受着很高的政治成本，而我国目前虽然正试图消除行业垄断，但政府仍然鼓励企业扩大规模，因此反而会给大型企业以更多的优惠政策从而在一定程度上降低了可能的政治成本。

（三）我国证券市场特殊的监管政策

我国证券市场的监管政策曾经严重依赖于以会计利润为基础的财务评价指标体系，上市公司的融资利益在很大程度上取决于他们对外报告的账面利润，导致上市公司在对相关准则的应用过程中并不从企业真实的财务状况和风险角度出发进行披露和反映，而大多是从利润操纵的角度刻意地去构建相应的经济事项，满足自身的利益需求。

例如，我国证监部门曾经对新股发行、配股、特别处理、暂停交易等都做了严格的规定，尤其是规定了一些盈利性财务指标。以配股为例，虽然上市公司的配股制度曾经一改再改，但最为核心的资格标准指标却一直是净资产收益率（ROE）。有研究发现，只要证监会修订了净资产收益率的资格标准，同一时期净资产收益率处于其标准稍微以上的公司数就会有所增加。

二、我国会计准则制定权的安排

我国自 20 世纪 80 年代后期开始着手研究、制定会计准则以来，准则制定权就一直由财政部享有，它是一个典型的政府机构。我国会计准则体现政府的目的更多，强权博弈表现突出，所以从一定意义上说我国现行准则是政府的一种制度安排，是一种未经博弈的选择。

我国由政府来制定会计准则，有着多方面的原因。第一，相比较美国等西方国家而言，我国政府对经济的宏观调控作用一直很强。长期以来，在几乎所有的社会活动领域中都形成由政府部门发挥作用并依赖政府部门的社会定势。即使是在不断深化政治体制改革的今天，政府的功能依然不容忽视。政府要行使宏观调控的作用，会计信息的加工、提供等就必须考虑到国家宏观调控决策的需要，而且政府还要对企业进行税收征管。由政府机构来制定会计准则，显然是满足这种需要的最为直接的手段。第二，在我国当前国有经济占主导地位的情况下，政府作为国有资产的代理人，在企业中也享有一定的经济利益，是企业的利益相关者，也会追求自身的经济利益。因此政府本身也是"有自己效用函数的经济人，其效用主要表现在准则制定上的垄断权与权威性"（唐松华，2000）。第三，我国会计职业界不够强大，无法担当起民间制定准则的重任。我国最大的会计职业组织中国会计学会于 1980 年成立，会长和秘书长一般都由现任财政部官员兼任，所需活动经费主要由财政部门拨给，不能说是一个真正独立的民间职业组织。这样一个不具备独立利益意识的机构，显然没有直接的利益动机与行为能力去寻求会计准则制定权，并从中获取相应的收益。而我国另一有影响的会计职业组织中国注册会计师协会成立于 1988 年，成立初期，人员较少，而事务繁多，无力兼顾会计准则。虽然中国注册会计师协会也隶属于财政部，但其却是事业单位，不具备制定行政法规的权力。第四，我国是成文法国家，而且长期以来人们形成了服从政府指令的思维定势。由政府部门颁布会计规范才具有足够的权威性，人们才会更自觉地遵循。我国的会计准则由财政部签署发布，具有部门法规的地位。会计司享有准则的解释权，有利于解决准则执行过程中发生的各种争执，减少准则执行成本。第五，我国目前正处于转轨时期，各方利益面临重大调整，而且各方面法规也不健全。在这种环境下，由财政部会计司制定会计准则能更好地兼顾各方利益，使会计准则制定更加公正。

綦好东等（2003）专门就政府部门制定会计准则问题进行了调查研究，他们的调查结果显示多数人认为政府部门制定具有较高权威性是最重要的解释之一，其次认为职业界还无力承担制定准则的重任。这符合我们的前述分析。该项研究结论中有一项尤其值得关注的是认为政府制定效率高的总体支持率只有17.02%。虽然调查结论可能存在片面性，但至少代表了部分利益相关者的意见。

虽然业界普遍认为由财政部制定会计准则是历史必然，也是现实的选择。但是在第一章我们已经指出，会计准则的制定就是契约各方为了各自的利益而进行充分博弈的过程。如果博弈的过程和次数越多，准则制定的完善程度越高，就越接近帕累托最优，从而使会计准则的经济后果最公平和合理。而我国单纯由政府部门制定会计准则，虽然在经济利益上具有一定程度的代表性和合理性，但未能充分考虑相关各方的经济利益，利益受损集团势必会千方百计地寻找并利用准则中的漏洞，造成准则颁布的初衷与实际运行效果相去甚远，使准则的实施流于形式。

三、我国利益相关者参与会计准则的态度

与美国相比，我国利益相关者对会计准则制定过程的关注程度和参与程度还不高，尤其是与会计准则制定利益相关程度最高的上市公司并没有主动参与到准则制定过程中来。綦好东等（2003）曾对我国利益相关者对会计准则制定过程的参与到热情做过问卷调查，他们以被调查者是否提交过会计准则的修改意见为调查内容，调查结果显示，只有20.25%的被调查者提交过修改意见。可见，利益相关者对会计准则制定的参与热情并不算高。其中，政府会计管理部门负责人参与热情相对高一些。但是，"省级会计管理部门负责人可能会从完成上级任务的观点来做这件事情"，并非有积极

的参与热情。值得注意的是，"上市公司的 CFO、控股股东 CFO、信贷部门负责人以及代表中小投资者的高校教师参与准则制定的热情并不高，都在 10% 以下，尤其是被调查的上市公司 CFO 竟无一人提交过修改意见。"并且"没有提交意见的被调查者中只有不到 5% 的人是真的没有意见，而绝大多数的被调查者并不是没有意见，而是由于种种原因而未能发表意见。"[1] 杜兴强（2003）认为，目前我国上市公司管理当局对会计准则制定普遍保持一份"理智的冷漠"的态度，几乎不参与我国会计准则的制定。葛家澍、刘峰（2003）曾指出，在查阅财政部会计准则委员会所保存的第一、二批具体会计准则的征求意见稿时，发现主要的反馈意见大致有两个来源：(1) 高等院校和部委；(2) 各地财政局所组织的座谈会记录。令人惊讶的是，竟然未见到来自于上市公司的反馈意见。

刘峰（2000）认为，造成这一状况的原因主要在于社会各界对会计准则的性质认识不充分，未能预见到会计准则对企业可能的影响，这也是任何一个准则制定历史不长的国家或地区的普遍现象。吴联生（2002）认为可能是由于我国会计准则没有得到有效地执行。事实上除了上述原因，还与我国的现实情况有关。首先，从现阶段我国整个的社会环境看，我国属于高度中央集权的国家，政府在社会经济生活中权威性很高，因此人们很少会考虑要对政府的行为施加影响，民主参与的意识还较为淡薄。其次，我国缺乏比较完善的产权基础和完善的公司治理机制。国有公司的管理层一般不拥有企业的剩余索取权。企业管理当局的收入基本是固定的工资，与业绩挂钩的奖励部分占总报酬的比重较低。为达到自身利益最大化，企业管理当局更有动机追求控制权收益而不是货币收益。这就导致企业管理当局不愿意通过直接参与会计准则的制定来改变会计准则对其货币收入带来的不利影响，而是选择从非货币性报酬方面得到补偿。即使会计准则的制定和颁布可以影响企业管理当局的报酬，但是在我国目前一股独大和"内部人控制"的失衡的公

---

[1] 綦好东等：《中国会计准则制定：利益相关者的态度》，《会计研究》，2003 年第 9 期。

司治理结构下，企业管理当局宁愿选择与注册会计师等进行合谋，利用会计舞弊等手段获取自身巨大收益。而且对企业管理当局而言，进行会计造假的收益可能比亲自游说制定人员来影响会计准则的制定更为经济和有效益。因此，上市公司的管理当局普遍存在着"搭便车"的心理，不想为准则的制定付出代价，对会计准则的制定保持一份理智的冷漠态度，几乎不参与会计准则的制定。

在我国，经济后果对会计准则的影响并不是主要表现在准则制定过程中，而是表现在准则的执行过程中，也就是说，在我国目前失衡的公司治理结构下，企业在既定会计准则下通过会计政策选择进行盈余管理而获取收益。这样做的后果将是欺瞒投资者，降低资源配置的有效性，浪费社会资源。

四、我国会计准则的制定程序

我国会计准则制定程序是在借鉴美国等发达国家和国际会计准则委员会的经验和做法基础上，根据我国的国情所确定的。2003年7月，财政部正式颁布了《会计准则制定程序》，明确了我国会计准则的制定过程分为立项阶段、起草阶段、公开征求意见阶段和发布阶段。在立项和起草阶段，强调向会计准则委员会和有关方面征求意见，然后根据反馈的意见形成讨论稿或征求意见稿；在公开征求意见阶段，除向各省、自治区、直辖市和计划单列市财政厅（局）以及国务院有关业务主管部门印发征求意见稿外，还要以在会计准则委员会网站和其他主要媒体上公布、召开座谈会、研讨会等形式向社会广泛征求意见，形成草案后再次提交会计准则委员会征求意见。应该说我国会计准则制定程序提高了会计准则制定过程的公开性，突出了会计准则委员会的地位和作用，尽量发动社会力量加以评价，从而使制定的会计准则体现出公平原则，能更好地涵盖各方的利益，基本满足了我国经济改革对会计准则的需求。但是我国会计准则的制定程序相比较美国而言，还存在以下一些缺陷。

（一）会计准则制定过程的公开性不足

为了使会计准则的经济后果最公平和合理，这就要求准则的制定过程必须公开，使会计信息的使用者能够充分了解准则的制定过程和进展情况，有机会及时发表自己的看法。然而，从我国现行会计准则制定程序的四个阶段来看，除了最后一个阶段社会公众能够看到准则的征求意见稿以外，前三个阶段都存在公开性不足甚至不公开的状况。例如，在立项阶段，虽然现行会计准则制定程序也规定立项情况应向社会公布，但并没有明确社会各界可以对其发表意见，也没有开通与社会公众的正式沟通渠道，而只是将既定结果向社会公众通报。即便是在征求意见阶段，反馈回来的意见处理结果也不公开。由于制定过程的公开性不足，社会公众对准则制定的了解仍然较少，未能充分体现各方利益的要求。

此外，我国并未就会计准则发布实行投票表决制度，会计准则是由财政部最终审定后发布的，缺乏一定的民主性和公开性。而美国与国际财务会计准则委员会对会计准则发布实行的投票表决制度是比较民主和公开的。比如美国，其准则的征求意见稿最终是否作为准则发布，是由会计准则委员会投票决定的，而且投票表决的情况还需要附在准则的最后进行说明。

（二）会计准则制定者的代表性不够广泛

我国会计准则是由财政部负责制定的，会计准则制定核心小组的成员由财政部会计司负责人组成，会计准则的发布与否最终取决于该核心小组，而财政部属于准则的利益相关者之一，独立性显然较差。此外，在我国会计准则的制定过程中，尽管吸收了政府官员、高等院校教师、机关部门的实务工作者参与，国内外专家也对会计准则的制定提供了咨询，但从整体上看，在会计准则制定过程中并未将代表大多数会计准则使用者、影响会计准则运用较多的广大会计工作者吸收进来。尽管在征求意见过程中也征求他们的意见，但远不及参与会计准则的制定对会计准则的影响直接。

另外，财政部会计准则委员会作为我国会计准则制定的咨询机构，旨在为制定和完善会计准则提供咨询意见和建议。从其人员构成看，也存在一些缺陷。据财政部会计准则委员会网站介绍，2003年改组后的会计准则委员成员有 22 名，其中，政府有关部门 12

人、会计理论界4人、会计职业团体1人、中介机构3人和企业界2人等。显然，在该人员组成中，政府官员所占比重最大（其中财政部官员最多），对会计准则委员会具有绝对的控制力，而来自企业界的代表太少。会计准则最终要企业来执行，如果企业代表太少，必然影响会计准则的实施效果。2011年，财政部第三届会计准则委员会成立，委员人数扩大到33人，但仍以政府官员为主，企业界人士依然只有两名。①

（三）会计准则征求意见的时间不够稳定和明确

虽然我国会计准则制定程序在征求意见的对象和采用的方式上有了重大改进，但在征求意见的时间安排方面仍有欠缺，没有对征求意见的时间期限问题予以明确。从现已颁布的准则来看，准则征求意见的时间也很不稳定，而且有些准则征求意见的时间过短，这在一定程度上影响了社会公众参与会计准则的讨论热情。以2002年底发布的《企业会计准则——财务报告的列报》（征求意见稿）为例，其征求意见的时期仅为25天（2002年9月26日至2002年10月20日）。最令人难以置信的是，该征求意见稿2002年10月17日才在财政部主管的《中国财经报》上公布，而这距离征求意见截止日期仅剩下3天。② 也就是说，社会公众几乎没有对征求意见稿发表意见的时间。显然，在如此短的时间内，要想做到充分、广泛地征求意见几乎是不可能的。笔者从财政部会计准则委员会的官网上查到，在2012年以前，财政部所发布的相当多的有关准则的征求意见稿的征求时间都在30天以内，而国际会计准则委员会发布的准则征求意见稿的有效期通常为120天。2012年以后，这种情况稍有改善，部分准则的征求意见稿的征求时间延长至120

---

① 据财政会计准则委员会网站显示，财政部第三届会计准则委员会委员共33名，其中来自政府有关部门24人、会计理论界3人、会计职业团体1人、中介机构3人和企业界2人。

② 魏林燕等：《完善我国会计准则制定程序的基本构想》，《燕山大学学报》（哲学社会科学版），2006年第4期。

天，但仍有一部分准则征求意见的时间过短。

第五节　我国会计准则制定的改进

一、加强会计准则制定机构人员的广泛代表性

会计准则制定机构人员的广泛代表性，既是会计准则自身重要地位的要求，也是由会计准则的经济后果性所决定的。会计准则的制定过程如果缺少对准则有需求的相关利益集团的参与，就有可能导致会计准则在制定之初就存在利益失衡的隐患。因此，在坚持财政部作为我国会计准则制定机构不变的前提下，应广泛吸收来自注册会计师、学术界、实务界等各利益集团的代表参与到会计准则制定过程中来，听取多方意见，使最终颁布的准则能够均衡各方利益。

二、加强会计准则制定机构的独立性

独立性是影响会计准则质量的一个重要方面，它要求制定机构不偏不倚、客观公正。目前，我国会计准则由财政部会计司负责制定，这种政府部门制定的会计准则在权威性上已经在一定程度上得到各利益相关者的认同。但是，由于准则制定机构成员大多是政府官员，会计准则在一定程度上体现的是政府的意志，从而成为政府宏观调控的工具，难免会影响到会计准则的中立性和公平性。因此，随着市场经济的发展和民间会计团体的不断壮大，可以考虑采取"以政府为主、政府有关部门与民间机构共同制定"的方式。民间机构的加入不但会提高会计准则制定机构的独立性，使制定的会计准则更加公平，而且有利于国内会计职业团体的发展。

三、加强会计准则制定过程的公开性

会计准则制定过程应具有公开性，以充分吸收和采纳各方意见，协调各方利益。如前所述，我国会计准则制定的大部分过程在

总体上是对外保密的，社会公众对准则制定的了解还不够充分。因此，应当适当增加准则制定过程的公开性，吸引更多的有识之士参与会计准则制定。这就要求在准则制定过程中的每一环节，都能给社会公众提供参与的机会，即问题的提出、立项、起草、征求意见、修订、发布等环节都应体现公开性。在会计准则的立项阶段，应向社会各界广泛征求意见，这样做不仅有利于社会各界较早地关注、参与到会计准则制定中来，也能使他们及早了解准则实施可能带来的经济后果，有利于会计准则得到社会各界的认可。在起草会计准则草案时，要尽可能列出各种可行的处理方案，向社会各界发放，以取得一些倾向性意见，便于制定会计准则时确定合理的方案。在制定会计准则前，应根据反馈的意见拟定征求意见稿，向社会公开征求意见，然后在此基础之上制定发布可行的会计准则。在准则发布后还应该与利益相关者，尤其是准则的企业使用者进行定期会晤，以解释实际运用中出现的问题并了解准则处理方法的潜在影响，密切关注环境变化和企业的反馈，以确定是否需要就某一问题进行准则修订或启动新的研究。

四、合理安排会计准则征求意见时间

在会计准则征求意见的时间安排上，首先应该保持征求意见时间的稳定性。虽然各项准则规范的内容不同，准则带来的经济后果不一样，各项准则的征求意见时间应当允许存在差异，因此我们不可能强求每项准则在征求意见时都遵循同样的时间安排，但至少我们应当规定一个最低征求意见时间，以使各利益相关者能够合理安排自己的时间，充分参与对准则的讨论。其次，在准则征求意见的时间安排上还要讲求效率。会计准则不可能让人人都满意，因此存在争议是正常的，但不能因存在争议而不讲效率。不同的政府部门由于职责分工不同，站在不同的角度可能会对会计准则制定产生不同的看法，比如证监会站在上市公司角度考虑到降低融资成本问题可能会倾向于较多地采纳国际惯例，而财政部作为国家财政主管机关可能更多地考虑国家财政收入和国家整体经济状况，因而更倾向于立足中国国情。存在不同看法是正常的，关键是应当多多交流，反复磋商，尽可能取得共识，决不能互不相让、延缓准则的制定进程。

五、增加会计准则反馈意见的途径

随着人们对会计准则具有经济后果的认识水平的提高，会计准则制定的政治化程度必然会越来越高，而会计准则的制定和修改过程，实际上也是会计准则制定机构和社会各界进行信息沟通的过程。为了更好地实现这种沟通，必须建立畅通的信息通道，力求让更多的人了解会计准则的制定机构和制定程序。会计准则制定机构应认真地考虑已收回的意见，并通过各种渠道进行及时反馈，畅通修改意见的反馈渠道，加强会计准则制定机构与社会各界的沟通。这包括正式文件、报纸、互联网、信函、座谈会、听证会、研讨会等。此外，会计准则制定机构还应该定期向社会公布对收到的反馈意见的整理、分类结果和采纳情况，对未采纳的意见说明原因，对意见被采纳的给予鼓励与奖励。只有适当增加会计准则制定过程的公开性，吸引更多的有识之士参与到会计准则制定过程中，才能使准则更具公认性与科学性，减少会计准则实施过程中的障碍。

第五章　会计准则制定经济后果的国际影响分析

第一节　会计准则国际趋同的收益和成本

当今世界，国际贸易和全球资本市场迅猛发展，一国的经济发展必须融入世界经济潮流，任何国家如果要脱离世界贸易市场和资本市场而谋求自身的发展是难以实现的。会计作为国际通用商业语言，在经济全球化过程中扮演着越来越重要的角色，会计准则国际化已成为不可逆转的潮流。① 到目前为止，世界上已有超过130个国家要求所有或大部分公开上市公司采用国际财务报告准则。例如，欧盟要求其成员国所有上市公司自2005年1月1日起全面采用国际财务报告准则编制财务报告；美国证券交易委员会允许在美上市的外国公司自2009年起按照国际财务报告准则编制财务报告。由此可见，会计准则国际趋同已是不容回避的客观事实。

会计准则具有经济后果，影响资源的配置。会计准则的经济后果延伸到国际层面，会计准则国际趋同必然影响全球资源的配置，引起各个国家利益的增减变化，从而给各个国家、跨国公司以及相关组织带来经济后果，"会计准则不只是一种技术标准的国际化，更具有一定经济利益后果"。（刘峰，1999）在会计准则国际趋同过程中，国家是会计准则国际趋同中的个体，它也是理性的、追求利益最大化的。出于最大化本国利益的考虑，国家在对待会计准则

---

① 在本书以下论述中，对会计准则国际化、会计准则国际趋同等术语不作区分。

国际趋同问题上，会基于成本-效益原则，计算自己的得失后，再采取合理行动。因此，会计准则国际趋同的经济后果主要表现为一国在国际趋同进程中的收益和成本。

一、会计准则国际趋同的收益

（一）直接收益

会计准则国际趋同的直接收益主要表现为提高了各个国家会计信息的可比性，降低了各个国家间经济往来的交易成本，消除了国际投资中存在的信息不对称，提高了经济资源在全球范围内的配置效率。

会计是国际通用的商业语言，会计信息是各个利益相关者做出决策的重要依据。然而各个国家的会计信息都是遵循本国会计准则生成的，各个国家会计准则存在差异，致使各国的会计信息并非都具有可比性，这样就增加了企业利用他国会计信息做出投资、融资等决策的成本，阻碍了国际经济交流，不利于经济全球化发展。较为典型的一个例子是，1993年，德国戴姆勒-奔驰公司拟在纽约证券交易所上市时，发现公司按照德国会计准则编制的财务报表显示是盈利的，而按照美国会计准则编制则是亏损的。显然，如果不调整两者之间的差异，则很可能会对会计信息使用者的决策产生误导，而要在国际投融资或者国际贸易中，经常性地调整各国会计信息之间的差异，又会大大增加交易成本，不利于经济效率的提高和经济全球化。①

因此，推进会计准则国际趋同的进程，减少各国会计标准之间的差异，对各个国家带来收益是不言而喻的。会计准则国际趋同可以大大降低那些在国际资本市场上投资和融资的企业和国际资本提供者的资金成本以及国际贸易参与者的交易成本。它可以提高各国企业提供的会计信息的可比性，使企业全球化的财务报告简单化，

---

① 冯淑萍：《关于中国会计标准的国际化问题》，《会计研究》，2001年第11期。

所有报告外国使用者能够在可比较的基础上分析财务信息。此外，对于没有采纳国际会计准则的国家而言，世界上采纳国际会计准则国家的增多而相应地导致需要"翻译"的会计准则的种类减少，从而降低与世界上其他国家交流的成本。

(二) 间接收益

会计准则国际趋同的间接收益主要表现为对国家的宏观经济利益的影响。会计准则作为国家宏观经济政策的重要组成部分，其制定和实施必然会对国家的宏观经济利益产生影响。会计准则国际趋同对国家宏观经济利益的影响主要表现在国际资本流动、税收利益、跨国公司利益变化、进出口贸易、国家经济增长等方面。

以进出口贸易为例，如果依据会计准则的规定能够降低某些产品的成本，则该产品在国际市场上就可以凭借成本优势而占据市场，从而为国家创汇或解决就业问题。再比如对国际资本流动的影响。美国从不认可和关心国际会计准则，直到美国财务会计准则委员会和美国证券交易委员会等机构开始与国际会计准则委员会建立联系，积极参与国际会计准则的制定时，美国在态度上才发生了根本性的变化。而这一态度上的转变，实际上是美国看到其参与会计准则国际化的利益而做出的反应，是利益驱动所致。由于美国会计准则是目前世界上技术最复杂、要求最高的会计标准，世界上其他国家的公司在按照美国会计准则编制财务报告、以争取在美国证券市场上市融资时，需要做大量的报表调整工作，从而增加了这些公司的筹资成本。这一做法的深层影响是它可能会削弱美国资本市场的吸引力和竞争优势，导致许多公司畏惧其"门槛"较高而转向欧洲证券市场或者日本、新加坡等证券市场上市融资，从而损及美国利益。[①] 为了维护自身利益，美国开始逐步重视和积极参与国际会计准则的协调与趋同。

---

① 冯淑萍：《关于中国会计标准的国际化问题》，《会计研究》，2001年第11期。

二、会计准则国际趋同的成本

任何一项制度的变迁都会发生成本，会计准则的国际趋同也不例外。会计准则国际化的制度变迁成本主要体现在国际趋同过程中，一个国家为了协调本国会计准则与国际会计准则的差异，必然要对本国会计准则进行调整，从而产生会计准则的变迁成本。会计准则国际趋同带来的制度变迁成本包括直接成本和间接成本。

（一）直接成本

直接成本主要指会计准则变迁主体为发起变迁所直接耗费的各种支出和时间。会计准则国际趋同意味着各国的会计准则不断协调、统一，因此首先要明确各国会计准则之间的差异，必然产生对各国会计准则的学习、比较和研究的费用。会计准则国际趋同还意味着各国要依据协调结果不断地对本国的准则进行修订补充，在协调过程中，各国、各相关组织都必须耗费大量的人力、物力对所协调项目进行论证、征求意见、修订或制定等，有时还会因观点不同引起激烈的争论甚至是遭到阻挠。此外，政府部门为了保证会计准则的执行效果，还必须投入足够的财力进行宣传教育和组织会计人员、审计人员等专业人士进行大量的培训，这也需要耗费大量的成本。

（二）间接成本

会计准则国际趋同带来的间接成本包括对社会的负外部性、因准则变迁引发的其他配套制度变迁成本以及沉没成本。会计准则国际趋同对社会的负外部性主要表现在会计准则在实施过程中可能会遭到抵制、出现与经济环境不相适应的情况。同时，会计依存于特定的社会环境，会计准则的调整变化会对与原有会计准则相适应的配套机制、配套环境产生影响，要求整体中的其他部分也相应产生调整，由此引发其他配套制度的变迁，有时这种成本是很高的。例如新会计准则采用了资产负债表观，为此现有的其他配套政策必然要随之发生变迁，从而引发一系列成本。因此，会计准则的国际趋同必然引发相应的配套制度变迁成本。此外，如果一个国家的会计准则发展已经沿着既定的方向走得较远，而会计国际趋同要求其转向，则其原来的投入和积累的大部分很可能就会成为沉没成本。美国在会计准则建设上的投入号称比世界上其他国家花费的总和还要多，如果要求其转向，其所承担的沉没成本是相当大的。这也是美国最初对国际会计准则建设反应冷淡的重要原因之一。

综上所述，会计准则国际趋同也是有经济后果的，这可以归结为对一国的收益和成本。对一个国家而言，会计准则国际趋同的收益更多地体现为宏观利益，同时也会带来调整适应的成本。但是在会计准则国际趋同进程中，各个利益主体因会计准则国际化产生的收益和成本却是不同的。为了最大化本国利益，各国在会计准则国际化的进程中都有维持现有准则的倾向，以防止发生制度变迁成本，损害到国家利益；同时，作为国家宏观经济政策的组成部分，各个国家对会计准则的制定都有不同的偏好，以期和国家宏观经济目标相一致。

第二节 会计准则国际趋同利益之争的途径：争夺国际会计准则制定权

仍以前述的德国戴姆勒-奔驰公司为例，这家公司按照德国会计准则编制的财务报告为盈利，而按照美国会计准则编制的财务报告却为亏损，两者差距非常悬殊。显然，以此结果在美国证券市场上市，其市盈率必然受到严重影响，从而加大筹资成本和风险，而这种损失完全是两国会计准则的差异造成的，与公司的盈利能力完全无关。可以设想，在国际会计准则被各国资本市场接纳的情况下，假如国际会计准则以美国会计准则为基准，则戴姆勒-奔驰公司必将因此而遭受利益的损失；但反过来，如果国际会计准则与德国会计准则较为协调，该公司将可能得到理想的筹资结果。显然，从这个例子可以看出，在对会计准则国际化达成共识的基础上，谁在国际化进程中占据主导地位，谁就可以获得更多的利益。

在本章第一节的阐述中我们也注意到，为了最大化本国利益，每个国家都会偏好本国会计准则。国家之间的关系总是处于竞争状态，而且各国的会计准则都有所不同，因此各国都会为本国利益而游说国际会计准则委员会尽可能采用本国的会计准则。进一步说，由于国际会计准则委员会是一个国际性的机构组织，其成员来自于各个国家，谁在该机构中占据了主导地位，谁就可以获得更多的利益。因此，会计准则国际趋同的经济后果带来的是各国的利益之争，而其实现的途径是在国际会计准则的制定中谋求主导权，争取主发言人的地位。

围绕国际会计准则的制定权，各国都积极参与了国际会计准则制定权的博弈，尤其是美国、欧盟等强势集团表现最为突出，而广大发展中国家则较为被动。

一、美国

多年以来，美国一直认为其资本市场是世界上最发达的，会计准则也是全世界最好的，因此美国早期对国际会计准则委员会态度冷漠，不认可国际会计准则的地位。随着国际会计准则委员会影响的日益扩大，以及其他资本市场的开辟，美国不仅意识到要积极参与会计准则国际化，而且意识到了国际会计准则制定权的争夺将大大影响其净收益。如果国际会计准则向美国会计准则靠拢，那么会计准则国际化的制度变迁成本实际上便由其他国家，尤其是发展中国家承担了，而美国不仅没有或者很少发生制度变迁的成本，反而充分享受了会计准则国际化的收益。因此，美国的态度发生了根本性转变，由漠不关心转变为积极参与并谋求主导权。

美国在国际会计准则的制定中通过各种途径加大对其的影响，使国际会计准则的内容更多地体现其本国的会计准则，使其在国际化进程中享受更多的利益。1998年12月，国际会计准则委员会发布了《立足未来，重塑国际会计准则委员会》的研究报告并广泛征求意见，目的是重组国际会计准则委员会，平衡各个国家的利益，使任何一个国家的力量都不是十分突出。然而，由于这份报告没有突显美国的影响，美国财务会计基金会和财务会计准则委员会提交了一份长达35页的评价意见，还重新发布了一份与国际会准则委员会战略工作组性质类似的报告：《国际会计准则制定：未来展望》。在报告正文的第三段，以非常强硬的语气提出，美国必须在国际会计准则制定中发挥领导作用，同时也强调，国际会计准则的制定需要大量经费，没有美国的支持将十分困难。由此可见美国在国际会计准则委员会中的霸权态度。

国际会计准则委员会的重组计划最后于 1999 年 11 月获得通过，在美国的主导下，新的国际会计准则委员会的改组方案充分体现了美国的利益。2001 年 4 月，国际会计准则委员会被正式改组为国际会计准则理事，在组织架构方面基本仿照了美国的模式，在最高层次设立了独立的国际会计准则委员会基金会。国际会计准则委员会基金会设在美国，基金受托人除任命理事会（IASB）、解释委员会（IFRIC）以及咨询委员会（SAC）成员外，还负责 IASC 的筹集资金、审批预算、效率监控及修改章程。① 在各委员会成员中美国均把持了重要位置和占有较大比例，在提名委员会中，美国证券交易委员会前主席 Arthur Levitt 担任主席一职；手握财权与人事权两大权力的管理委员会，由美国联邦储备局前主席 Paul A. Volcker 担任主席。在国际会计准则委员会改组之前的 16 个理事中，尚有 4 个理事代表发展中国家，但是改组后的国际会计准则理事会 14 个席位中只有南非一个发展中国家，大部分席位被美英等发达国家所占有，发展中国家声音微弱。即使是为了广泛听取世界各国对国际会计准则制定的意见和建议而成立的国际会计准则咨询委员会，在其总共 49 个席位中，美国就占据了 10 席。所以，可以预见，国际会计准则将更多地体现美英等国家会计准则的特点和内容，向国际会计准则靠拢与向美英等国家会计准则靠拢在本质上将不会有多大区别。2010 年 3 月，国际会计准则委员会基金会更名

---

① IASB 是制定国际会计准则的核心机构，全权负责国际财务报告准则及其他相关文件的制定工作。IFRIC 的主要职责是根据编报财务报表的框架对 IFRS 中未予具体规范的财务报告问题及时提供指南。SAC 主要是为对国际财务报告利益感兴趣的组织和个人提供一个正式参与的渠道，目标是就优先项目和主要准则制定项目向 IASB 提建议，而 IASB 在重要项目的决策之前、受托人在对章程进行任何修改之前都必须向准则咨询委员会咨询。

为国际财务报告准则基金会，在其受托人地区分布中，欧美国家仍然占据大多数席位。

虽然美国实现了控制主导权的目标，但只有未来的国际会计准则体系更多地以美国为蓝本考虑美国的意愿，才能真正实现其利益。于是，美国财务会计准则委员会与国际会计准则委员会开始了趋同计划。2002年9月18日，双方在诺沃克会议中共同签订了一份谅解备忘录，即《诺沃克协议》，商讨共同致力于建立高质量、相互兼容的会计准则，以向国内和国际财务信息的用户提供高质量的财务报告，双方共同承诺尽最大努力使其现有的财务报告准则具有充分的可比性。但多年来双方的承诺并未付诸实施，直至2006年2月，双方才就开展趋同项目研究、消除两套准则的重大差异问题签署了谅解备忘录，明确拟定了工作时间表。显然，尽管美国财务会计准则委员会与国际会计准则委员会签订了合作协议，但是美国并没有打算放弃自己的准则而完全采用国际会计准则。2008年，金融危机爆发，美国国内开始出现推进美国准则向国际趋同的势头，美国证监会于2008年11月推出了《美国发行人可能采用国际财务报告准则编制财务报表的路线图》（征求意见稿），路线图提出允许少部分大型公司提前采纳国际财务报告准则的意向并分阶段执行。然而，路线图颁布后在美国国内遭到了长时间的搁置。一些会计师事务所提出应谨慎对待相关问题，权衡利弊得失后再作决定。一些小型企业提出，向国际财务报告准则转换使企业负担过重但收效甚微。美国证监会在沉寂许久后在2011年发布了一系列与国际会计准则趋同的研究报告，其中最引人关注的当属对美国将国际财务报告准则并入本国体系可能采用的"趋同认可"模式的描述。"趋同认可"模式综合了当今世界各国应用国际财务报告的两种主要策略——"趋同"模式和"认可"模式，提出在过渡期运用"趋同"模式的策略处理现有国际财务报告准则与美国公认会计原则之间的差异，在过渡期结束后，由美国财务会计准则理事会履行认可程序，对符合美国公众利益的国际财务报告准则加以认可，否则将考虑修订国际财务报告准则或制定符合本国实际的会计准则。也就是说，美国仍将保留本国会计准则体系，国际财务报告准则只是其一部分。显然，在国际会计准则制定过程中，FASB 与 IASB 的力量博弈，FASB 仍然占了上风。

二、欧盟

与美国对国际会计准则委员会的态度相比，欧盟与国际会计准则委员会的合作一开始就是积极的。欧盟之所以积极与国际会计准则委员会合作，是其会计协调迫不得已的结果。从20世纪70年代起欧盟就一直致力于会计协调工作，协调的主要形式是制定各种会计指令，远未达到协调的目的。会计协调的本意是为了增强财务信息的可比性，从而提高欧盟资本市场的效率。但是欧盟会计指令从某种意义上来说只是各种不同会计方法的汇合，许多成员国仍保留本国的会计制度，而这些会计制度无论是在个别会计规定上，还是在概念的内涵上都存在着显著差异，欧盟的会计指令在欧洲范围内并不能保证企业财务报表的可比性和透明性。

欧盟的会计指令没有达到会计协调的作用，这在一定程度上阻碍了欧洲内部资本市场的发展，面临失去资本市场的既得利益。为了最大化自己的利益，欧盟必然要对现有的会计指令进行改革，因此欧盟选择了参与会计准则国际化，积极与国际会计准则趋同。在趋同的过程中，欧盟也意识到，国际会计准则具有经济后果，如果没有积极参与国际会计准则的制定，只是一味地将其直接拿来使用，必定要付出甚至比准则制定成本更多的制度变迁成本。因此，欧盟加强与国际会计准则委员会的合作，一方面就是将任何指令与国际会计准则相冲突的地方都消除；另一方面就是对未来制定国际会计准则尽可能施加影响，使其不与欧盟指令冲突，以减少欧盟的制度变迁成本。

出于以上目的，欧盟积极争取国际会计准则的制定权。欧盟于1990年成为国际会计准则委员会的咨询团成员，并以观察员身份列席国际会计准则委员会的理事会。在国际会计准则委员会的改组过程中欧盟更是积极支持，主动介入。从国际会计准则委员会改组后的情况可以看出，欧盟也基本实现了其目标。首先，在提名委员会的7名成员中，欧洲国家独占3个席位；其次，在手握财权与人事权两大权力的管理委员会 19 个席位中，欧洲国家占了 6 个；再次，作为会计准则制定核心机构的 IASB 的主席由英国会计原则委员会主席 David Tweedie 担当；最后，在 IFRIC 的 12 个席位中，欧洲国家分得 4 个。另外，对国际会计准则制定有重大实质性影响的 8 个联系国中欧盟就有 4 个。2005 年 3 月，欧盟正式要求在制定国际会计准则的机构中拥有更大权力，提议在任命 IASB 成员时，那些已经实施或承诺即将实施国际会计准则的国家应获得明显的优待，由此可见欧盟想要控制 IASB 的野心。

虽然在制定国际会计准则的机构中拥有了一定的权力，但是欧盟对国际会计准则的支持并不是无条件的。欧洲委员会（EC）在多次声明中强调，要对国际会计准则引入包括技术和立法两个层次的双重认可机制。为了建立技术层次的认可机制，EC 于 2001 年 6 月专门成立了"欧洲财务报告咨询组"（European Financial Reporting Advisory Group，EFRAG），主要职能是一方面以事前介入的方式与 IASB 广泛接触，积极参与 IFRS 制定；另一方面，对 IASB 发布的准则及其解释进行专业评估，提出是否予以认可和采纳的建议。为了建立立法层次的机制，EC 成立了会计监管委员会（Accounting Regulatory Committee，ARC）。该委员会由 EC 领导，并由成员国的政府代表组成，负责审批 EFRAG 提交的采纳国际会计准则的建议以及具体时间表。欧盟之所以采用这种近乎"苛刻"的双重认可机制，是出于其自身利益的考虑。欧盟拥有对会计准则的监督权和否决权，坚持这样的双重认可机制，就意味着将会计准则的最终采纳权仍掌握在自己手中。这样，既不听命于人，又能将自己的意图贯穿到各成员国。在规章中欧盟就明确指出，无论从政治上还是从法律上，EC 都不可能将准则制定权授予联盟无法施加影响的民间会计准则制定机构，即改组后的国际会计准则委员会。

欧盟的做法显然是权衡会计准则国际趋同经济后果的一种典型表现。在积极参与会计准则国际趋同的同时，欧盟又保持谨慎的态度。欧盟虽然接受国际会计准则，但也要在一定程度上操纵国际会计准则制定权，并采用双重认可机制，保证在利益不受损的前提下，尽量减少其成本，从而取得会计准则国际趋同所带来的最大净收益。

三、发展中国家

与美国和欧盟的强势相比,发展中国家在国际会计准则制定权的博弈中一直处于弱势地位。冯巧根(2003)指出了发展中国家在国际会计准则制定博弈中的不利地位,如图5-1所示。

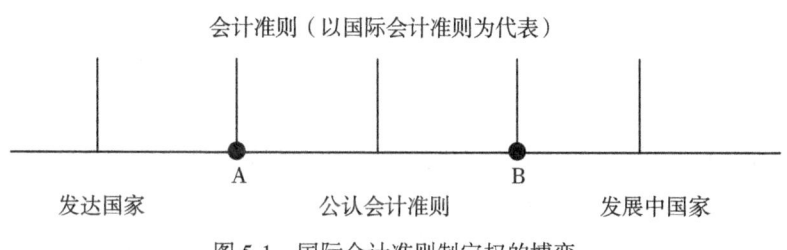

图5-1 国际会计准则制定权的博弈

图5-1表明,从博弈均衡的角度分析,当各国准则制定主体通过博弈达到"公认会计准则"这一制度位置时,对发达国家和发展中国家来说是最能体现公平性要求的一种制定安排。然而,发展中国家从自身的国情和成本-效益原则出发,认为B点更合理;而发达国家则认为A点更科学,即采用代表英美等发达国家利益的国际会计准则,即使发展中国家愿意采用"公认会计准则",最终达成的准则也只是代表发达国家的A点。显然,在这个博弈过程中,存在许多不对等的因素。

国际会计准则委员会的组织结构人员构成充分说明了发展中国家的不利和被动地位。在国际会计准则委员会改组之前的16个理事席位中,尚有4个理事代表发展中国家,但是改组后的国际会计准则理事会14个席位中只有南非一个发展中国家,大部分席位被美英等发达国家所占有,发展中国家声音微弱。即使是为了广泛听取世界各国对国际会计准则制定的意见和建议而成立的国际会计准则咨询委员会,在其总共49个席位中,美国就占据了10席。由于美国和欧盟在国际会计准则委员会基金会受托人和国际会计准则理事会中占据有重要位置,发展中国家主要是通过准则咨询委员会来对国际会计准则制定权施加影响。从职责上看，国际会计准则理事会在重要项目的决策之前需要咨询准则咨询委员会，受托人在对章程进行任何修改之前也必须咨询准则咨询委员会。但是准则咨询委员会并不具有决定权，其地位和作用可想而知。

总之，在会计准则国际趋同的进程中，各国为了实现自己的利益，围绕会计准则的制定权展开了激烈的争夺。从博弈结果来看，美国和欧盟处于明显优势，形成了两者暂时共同主导的局面，国际会计准则制定是以他们经济发展为背景并主要是为适应其经济发展的需要。在这场博弈中，美国、欧盟等发达国家和地区大受其益，因为他们不仅没有或者很少发生改革成本，反而充分享受了会计准则国际化的收益；而广大发展中国家则表现被动，他们将需要耗费大量的成本去实现其本国会计准则与国际会计准则之间的协调，尽管这些国家也能从会计准则国际化中受益，但是在该进程中的大量改革成本和风险也将主要由这些国家承担。① 这充分体现了各方，尤其是强势集团的利益之争，也是对会计准则制定政治化的一个充分印证。

第三节 我国会计准则国际趋同的经济后果及应对策略

一、我国会计准则国际趋同的收益和成本

（一）我国会计准则国际趋同的收益

我国的经济融入世界经济体系的步伐不断加快，会计准则国际趋同在降低我国投资人了解境外上市公司以及境外投资人了解我国上市公司的成本，增进相互了解和消除会计政策与会计信息的隔

---

① 冯淑萍：《关于中国会计标准的国际化问题》，《会计研究》，2001年第11期。

阔，促进国际贸易与投资活动等方面发挥了巨大的作用。

1. 降低融资成本

由于国内资本市场融资功能不能得到有效发挥，国内不少公司把境外上市作为其实现融资的一个重要途径。但一直以来，国内企业在境外市场的融资成本高居不下。一位投行人士表示，内地企业在香港融资成本大约要占融资额的10%~12%，在新加坡约占8%~12%。一个很重要的原因，就是内地公司治理不规范、信息披露不充分和会计准则未与国际接轨，企业一方面不能得到境外投资者的充分认可，另一方面又需要花很大的成本聘请相关专业机构进行咨询，一些公司还不得不编制两种财务报告。会计准则国际趋同顺应了资本市场对会计信息的需求，能够为全球投资者提供更加透明、可比的财务信息。在全球经济一体化的大趋势下，中国企业会计准则获得国际认可将有助于促进中国企业在境外融资，大大降低融资成本。

2. 吸引外资

会计准则国际趋同的主要推动力来自于跨国公司的发展及贸易、资本市场的逐渐全球化。会计准则国际趋同对于我国吸引外资和那些在海外发行股票、债券或者从事国际贸易的企业而言是一件相当有益的事情。对国内上市公司而言，会计准则的国际趋同有利于境外投资者更好地理解境内上市公司的财务状况，同时国际趋同带来的会计信息透明度的提高以及相互理解性的增强可以大大降低境外投资者进入的风险，从而促进其对境内上市公司的投资。

3. 促进出口贸易

随着我国加入WTO，反倾销成为困扰我国出口贸易发展的一个难题。在过去20多年里，我国出口在全球占4%，而遭反倾销立案数量却占到了14%，成为全世界遭受反倾销调查最多的国家。[①]中国企业在国际贸易的反倾销诉讼中，因败诉遭受的损失已超过

---

① 冯巧根：《从倾销标准认定和国际会计准则趋同看会计准则的规范》，《商业会计》，2004年第11期。

100亿美元，其中会计准则未能与国际接轨已成为一个重要原因。① 因为申请反倾销调查的一个重要条件就是接受调查的企业有一套明晰的会计账簿，该账簿是按国际通用会计准则进行过独立审计并有通用性。显然，应对反倾销调查也提出了会计准则国际趋同的要求。因此，促进我国会计准则国际趋同可以大大节约出口贸易企业在反倾销案件中的应诉成本，同时可以大大降低欧盟对我国企业所处市场经济的认定标准，使我国企业获得一个较好的出口环境，对其他国家的市场经济认定条件也会起到良好的示范作用。因此，推进我国会计准则的国际趋同，有利于排除我国出口贸易的巨大障碍，维护我国企业的国际竞争力。

(二) 我国会计准则国际趋同的成本

1. 直接成本

我国会计准则国际趋同的成本首先表现为会计准则的制定成本。在借鉴其他国家及国际会计准则委员会制定会计准则经验的基础上，2003年我国财政部开始实行新的会计准则制定程序，分为四个阶段，因此我国会计准则制定的成本也可以相应分为以下四个阶段的成本：立项阶段成本、起草阶段成本、公开征求意见阶段成本、发布阶段成本。由于2003年我国会计准则制定程序的修改，在会计准则制定程序中，加大了公众利益的体现，从而也就增加了会计准则发布前的咨询成本。

另外，会计准则国际趋同引起的会计准则变迁，必然带来会计人员、审计人员等相关专业人士学习新准则的成本，包括新准则的获取、学习、培训等成本；按新准则编制企业财务报告的追加成本、按新准则进行审计发生的追加成本、财务报告使用者的学习成本，以及新旧准则的过渡成本等，都是准则变迁将直接产生的耗费。尤其对于我国这样一个拥有数以千万计会计人员的国家来说，这部分成本无疑是十分巨大的。此外，为了保证准则的有效执行，

---

① 冯巧根等：《反倾销调查的会计问题分析及会计对策构想》，《财会通讯》(学术版)，2004年第7期。

政府也必须投入足够的财力进行宣传教育。例如，在新会计准则颁布后不久，财政部于2007年举办了"用友杯"第三届全国会计知识大赛，这虽然在宣传会计改革和培养会计人才方面产生了很好的效果，但全国上下投入的经费也是相当可观的。

2. 间接成本

会计准则国际趋同给我国带来的间接成本包括准则实施后对社会的负外部性和因准则变迁引发的其他配套制度变迁成本。

新准则对社会的负外部性主要表现在：新准则可能对企业财务状况、信用等级、税收负担等造成负面影响，导致财务信息纵向可比性下降，审计市场丢失，审计费用提高等，同时新准则下上市公司新增不少"另类"利润操纵手法。此外新准则还有可能引发其他配套制度的变迁成本。例如，新准则实现了从利润表观向资产负债表观的转变，其核心是要求企业财务管理应当以提高资产负债质量为目标，而不是追逐单一的短期利润。在实施过程中，由于绩效考核指标和监管条件更多地侧重利润指标（利润表观），导致一些上市公司为了短期绩效或者规避监管要求人为地操控盈余，滋生短期行为。因此，有必要推动有关方面进一步完善绩效考核体系和监管规则，为新准则有效实施营造良好的外部环境。

（三）我国会计准则国际趋同收益和成本的权衡

与美国和欧盟相似，我国参与会计准则国际趋同的目的也是为了获得最大利益，因此我国一直积极参与会计的国际协调与趋同。如前所述，会计准则国际趋同给我国带来的收益是显而易见的，但是包括我国在内的大多数国家都没有直接将国际会计准则作为本国会计核算的唯一标准，这是因为"一个国家的特殊文化背景、社会环境、基础条件等都决定其不可能照搬照抄国际会计准则。"（冯淑萍，2002；刘玉廷，2002）如果不切实际地、一味地向国际会计准则靠拢，尽管可以在一定程度上降低我国企业对外融资或对外贸易的成本，但是这就意味着我国企业需要花费大量的编制成本以使其编制的财务报告与国际会计准则的要求一致，我国财务报告的使用者需要花费大量的学习成本来读懂这些会计信息，同时我国注册会计师也将为此付出更大的执业代价。此外，由于我国尚处在转轨经济时期，成熟的市场经济环境和完善的监管机制尚未完全建立起来，如果不加选择地向国际会计准则靠拢，有可能出现与我国转轨经济环境不相适应的情况，导致会计信息出现混乱或者失控，由此产生的改革成本和风险将是巨大的，还可能会牺牲我们国家的利益，这在我国是有深刻教训的。例如，1998年6月，在借鉴国际会计准则的基础上，财政部出台了债务重组会计准则和非货币性交易会计准则，希望以公允价值作为会计计量的标准，实现与国际会计准则的接轨。但当时我国市场经济发展还很不成熟，某些领域仍缺乏较为规范的公开且活跃的市场，因此公允价值的运用在很大程度上取决于会计人员的主观判断，这给企业留下相当的利润操纵空间。结果，一些上市公司利用上述准则大肆操纵利润，极大地损害了投资者利益，破坏了资本市场的健康发展。

改革开放以来，我国会计的发展方向及其对经济发展产生的推动作用，以及我国已加入WTO、市场将更加开放、决策将更加透明和我国经济正在逐步融入世界的现实，决定了我国的会计准则不能脱离国际协调而独立存在。会计国际化是大势所趋、潮流所向。但是我们在借鉴国际经验的同时，必须权衡与国际会计准则在协调程度和进度上的利弊得失，把握好分寸、利弊和节奏。因此，在我国会计准则国际化进程中，我们既要看到会计准则国际化给我国带来的收益，又要仔细研究会计准则国际化给我国造成的成本，反复权衡再作选择。

当然，强调在会计准则国际化进程中要权衡收益和成本，并不意味着要蹑手蹑脚，裹足不前。况且，会计准则国际趋同的经济后果是相对的，会计准则的国际趋同并不意味着财务报告数字的大幅度增减。相关的实证研究表明，以巴黎股市CAC40大股和欧洲其他股市的21家公司为样本，看其向国际会计准则过渡对欧洲上市公司财务报告的影响，发现这一影响是有限的和平稳的；首次采用国际会计准则使样本公司的合并报告净利润平均水平明显提高，权益资本略有减少。权衡我国会计准则国际化的收益和成本，是为了在会计准则国际化进程中采取适当的策略，以尽量扩大收益，降低成本，争取净收益最大化。

二、我国会计准则国际趋同的总体策略

（一）我国会计准则国际趋同的原则

基于以上分析，在会计准则国际化过程中，我们既要坚持中国特色，又要妥善处理好与国际会计准则的趋同问题。只有这样，我们才能在国际化进程中获得更大的利益。因此，我国一直坚持着以下原则：

第一，在世界经济一体化的今天，会计准则国际趋同是进步，是方向，是潮流所向。对于快速融入世界经济体系的我国而言，推动会计准则与国际准则的趋同是必然选择，对于中国吸引外资、发展出口贸易等都大有裨益。因此在我国企业会计准则体系建设中，我们要充分借鉴国际财务报告准则，尽可能与其保持一致，以充分体现全球经济化的客观要求。

第二，明确强调趋同不是简单地完全等同。我国在经济环境、法律制度、文化理念以及监管水平、会计信息使用者和会计人员素质等方面存在着一些基本国情，这就要求我国在制定会计准则时，对于我国特殊环境下的特殊交易要切合我国的国情，适应我国经济发展的需要。这些切合我国实际的做法，得到了国际会计准则理事会的认可和支持。

第三，趋同并不意味着单向运动，而是一种互动，是世界各个国家之间，以及各国与国际财务报告准则理事会之间、国际财务报告准则理事会同各区域会计组织之间，相互沟通，相互借鉴，相互认可。国际会计准则不应当是发达国家或成熟市场经济国家的会计准则，而应当考虑新兴市场经济或者转型经济国家的特殊情况。只有这样，会计准则国际趋同的目标才能实现。我国在制定会计准则过程中无论是在政策层面还是技术层面，都与国际会计准则理事会保持着密切联系，共同解决了大量趋同技术问题，极大提高了准则制定的效率和效果。

(二) 具体的措施

基于上述我国对会计准则国际趋同的理念和认识，在制定我国会计准则时，我国采取了以下具体措施。

1. 新会计准则在整体上保持了与国际会计准则趋同的趋势

我国新会计准则体系采用了国际会计准则的基本框架和原则，体现了与国际会计准则趋同的要求。从体系结构看，国际会计准则中通常都有"财务会计概念框架"，我国的新会计准则通过基本准则体现；从项目构成看，除个别项目外，我国的新会计准则体系涵盖了国际会计准则的大多数项目；从内容上看，我国的新会计准则充分采用了国际会计准则的基本原则和主要方法，在资产、负债、收入、费用等会计要素的定义和确认、计量、报告上与国际会计准则保持一致。国际会计准则委员会前主席 David Tweedi 指出："中国企业会计准则体系的发布实施，使中国企业会计准则与国际财务报告准则之间实现了实质性趋同。"

2. 新会计准则充分考虑了我国的特殊情况

我国新会计准则虽然在整体上保持了与国际会计准则趋同的趋势，但也充分考虑了我国的特殊情况。这主要表现在以下几个方面：

第一，我国会计准则与国际会计准则之间还存在少量差异。例如，资产减值准备转回的处理。国际会计准则对企业计提的资产减值允许转回，并计入当期损益；我国会计准则规定，固定资产、无形资产等发生的减值，一经计提则不得转回。除了长期资产减值转回一项差异外，其他方面在实质上均与国际准则一致，存在的只是一些文字、结构上的差异，这些差异是由中国的政治、经济、文化、法律等特殊环境所决定的。借用国际会计准则理事会汉斯主席的话说，"中国会计准则与国际准则已经实现了等同"。以中国 A+H 股上市公司财务报表为例，A 股报表采用中国会计准则编制，而 H 股报表采用国际财务报告准则编制，现在这两套报表几乎不存在差异。比如，年报分析表明，2010 年 A+H 股上市公司的两套年度报表下净利润差异率仅为 0.33%，净资产差异率不到 0.01%。

第二,我国会计准则与国际会计准则之间不存在差异,但具体规定有所不同。比如,谨慎引入公允价值计量属性。国际会计准则要求广泛运用公允价值计量,但我国规定,只有存在活跃市场、公允价值能够获得并可靠计量的情况下,才能采用公允价值。又如,同一控制下的企业合并。国际会计准则只明确了非同一控制下企业合并的会计规范,没有规定同一控制下的企业合并。而我国企业合并准则对两者都进行了规定。这是因为我国特殊的经济环境,有些企业合并实例属于同一控制下的企业合并,如果不对其加以规定,就会出现会计规范的空白,导致会计实务无章可循。

三、我国会计准则国际趋同的具体策略

虽然我国会计准则与国际会计准则实现了实质性趋同,但是随着世界经济的进一步发展,我国面临的任务将更艰巨,机遇与挑战并存。因此,基于前文对我国会计准则国际趋同经济后果的分析,在会计准则国际趋同过程中,我国还应该注意以下几个方面的问题,并采取相应的措施。

(一)继续坚持会计准则国际趋同,灵活借鉴国际财务报告准则

从目前来看,美国不仅不会采取"直接采用"国际财务报告准则的策略,而且正在补充完善的"趋同认可"策略与我国正在实施的持续趋同策略极为类似。美国提出建立"共同基础之上高度可比"的会计原则,这与我国的"实质趋同但不等同"的原则不谋而合,单一的国际财务报告准则体系在现阶段已经难以满足各国对会计准则的需求,会计准则的国际化发展还必须考虑会计准则在各国的有效贯彻实施,需要在会计准则的协调统一与会计实务问题的灵活解决之间找到平衡点,为各国解决自身特有的会计问题提供一定的空间。

目前我国以私营企业尤其是中小企业居多,采用过高要求的会计准则将加重此类企业负担,不利于企业发展,甚至可能影响到经济的整体稳健运行。因此,在我国当前的宏观经济环境和法律环境

下，我国应坚持会计准则的国际趋同，审慎评估国际财务报告的各项准则，结合我国现实情况，在确保会计准则适用的情况下，灵活推进会计准则的国际趋同。我国应采取长短期策略相结合，科学推进会计准则趋同。短期来看，我国强调企业财务报告的合规性要求，增强企业以及会计审计人员的法律意识，推进会计准则的法制化建设。同时，对即将上市企业采取与上市公司一致的财务报告要求，使财务报告信息透明化，有助于遏制新股发行虚高的现象，解决新股屡屡破发的乱象。长期内，可以试点国内上市企业按照国际财务报告编制合并财务报表，并逐渐放开至其他类型企业，尤其是关乎社会利益的国有企业、金融机构等，对非上市企业的合并财务报表也可以逐渐放开。此外，会计准则国际趋同的目的不仅是要支持国内企业"走出去"，还要鼓励国外企业"走进来"，承认一些符合资质的国家地区会计准则的等效性，有助于吸引国外优质企业进入中国市场，进行长期投资，促进我国经济的健康发展。

（二）提高我国在国际会计准则制定中的影响力，争取国际会计准则制定的主导权

如前所述，会计准则的国际化不仅仅是一个技术性问题，其背后的实质是各国的利益之争，会计准则制定权的获得就是利益的博弈过程。根据成本-收益原则，谁在国际会计准则的制定权中居于主导地位，就会负担较少的改革成本而充分享受会计准则国际化的收益。如果我国争取到国际会计准则制定的主导权，使国际会计准则接近我国的会计准则，这样就可以适当减轻我国国内利益集团承担的会计国际化成本，使我国获得的净收益最大。

首先，我国应加大力度参与国际会计准则的制定工作，促进中国会计准则与国际会计准则的持续趋同。按照当前经济全球化的发展趋势，我国与国际经济的一体化程度会更高，经济业务的进一步趋同必然导致会计准则的进一步趋同。因此我国应积极参与并加大力度参与 IFRS 的制定工作，包括借鉴美国在参与国际财务报告准则制定中的成熟做法，确定沟通交流机制，加大投入，深入研究中国实际问题和国际准则最新动态，积极向国际会计准则理事会反映中国投资者和企业的诉求，采取多种方式影响国际财务报告准则制定，为制定高质量的国际财务报告准则做出更大贡献。2007年2月，国际会计准则理事会宣布拟采纳中国建议修订关联方披露准则①，2008年1月8日，中国会计准则委员会与国际会计准则理事会就持续趋同机制达成了共识，并签署了持续趋同备忘录。财政部于2009年9月发布了《中国企业会计准则与国际财务报告准则持续趋同路线图》。世界银行经过为期一年的问卷调查和实地调研等系列评估工作，于2009年10月发布了《中国会计审计评估报告》，充分肯定了我国会计审计准则改革成就，并指出："中国改进会计准则和实务质量的战略已成为良好典范，并可供其他国家仿效"。此外，在经历三年过渡期后，欧盟委员会于2012年4月对中国会计准则国际趋同和实施情况进行重新评估后，已永久承认中国企业会计准则与国际财务报告准则的等效性。这些变化表明：随着中国经济地位的提升和会计准则国际化程度的日益提高，中国的声音越来越受到国际组织的关注，中国在融入和参与全球性会计规则的制定方面有了突破。2008年国际金融危机爆发后，国际财务报告准则进行了系列改革，对我国会计准则国际趋同提出了更高要求。这就需要我们开阔眼界，以他国的会计准则国际趋同模式为鉴，结合我国国情，选择最优的趋同路径，保证会计准则平稳有效的实施。

其次，应最大限度发挥我国专家在国际会计准则委员会中的作用。虽然我国是发展中国家，但我国一直在努力争取在国际会计准则中的地位。我国在会计准则国际协调中取得的地位包括：1982年我国加入了联合国国际会计和报告标准政府间专家工作组（ISAR），同年还加入了最高审计机关国际组织（INTOSAI）；1984年我国加入了最高审计机关亚洲组织（AOSAD）；1987年我国加入了（国际）内部审计师协会（IlA）；1996年我国加入了亚太会计师联合会（CAPA）；1997年我国加入了国际会计师联合会（IF-AC），同年还加入了国际会计准则委员会（IASC）；2001年我国取

---

① 财政部会计准则委员会网站："会计国际协调简讯第二十五期"。

得改组后的 IASC 咨询委员会委员的资格。随着我国新准则与国际会计准则基本实现趋同，我国会计准则质量有了较大提高，我国会计准则的国际地位得到了进一步提高。2005 年 12 月国际会计准则基金会任命我国注册会计师协会会长刘仲黎为国际会计准则委员会基金受托人，任期 3 年；① 2006 年 11 月任命证监会原首席会计师张为国为理事会理事，任期 5 年，从 2007 年 7 月 1 日开始。② 目前，国际财务报告准则制定机构和国际会计准则理事会下设咨询工作组都有我国专家代表参与。③ 我国进入国际会计准则基金会和理事会，说明我国在会计准则国际趋同的博弈过程中由被动变主动，为争取在国际财务报告准则的制定过程中取得发言权，维护我国的经济利益形成了良好的开端。与此同时，我国还应有意识地培养精通国际会计的专家，动员学术界和实务界有关人士共同研究我国会计国际化问题，以争取在 IASB 中拥有更重要的地位和发言权。

　　此外，加强区域性的合作也是争取主导权的途径之一。在国际会计准则委员会改组后，世界各国在国际会计准则制定中的力量对比发生了很大变化，以英、美为代表的发达国家主导了国际会计准则的制定过程，因此要在国际会计准则制定过程中争取更多的发言权，区域间合作就显得相对重要。我们可以积极地与经济背景相似、经济发展水平相当等具有相似特征的国家开展区域间沟通、对话和合作，这样既可以提高国际化带来的好处，又可以提高我国在国际会计准则制定中的影响。在这方面，我们也取得了一些成效。2009 年，中国和其他亚大地区同行一起，积极倡议成立了亚洲-大洋洲会计准则制定机构组，并积极参与日常事务和技术研究工作，与亚洲-大洋洲地区会计准则制定机构加强技术合作与交流，探讨区域性的共性问题，巩固并不断提高亚洲-大洋洲会计准则制定机构组的国际影响力和话语权。2011 年，我们在其他新兴经济体的支持下，协助国际会计准则理事会筹建成立了新兴经济体工作组，

---

① 财政部会计准则委员会网站："会计国际协调简讯第十五期"。
② 财政部会计准则委员会网站："会计国际协调简讯第二十三期"。
③ 见财政部会计准则委员会网站。

并承担了联络办公室的工作。新兴经济体工作组重点研究探讨新兴经济体特有的、亟待解决的会计问题,通过这个平台,主要新兴市场经济体之间以及与国际会计准则理事会的沟通和交流将得到进一步增强,取得的积极成果为国际财务报告准则的议程确定及其改进提供了重要参考。

(三) 努力建设和完善我国会计准则体系

虽然我们一直强调会计准则国际化,但是我国仍应制定自己的会计准则,这既是维护国家主权的体现,也是因为中国国情具有很多自己的特殊性。会计准则是植根于特定社会经济环境的,不同的社会制度和社会经济发展水平,必然要求相应的会计理论与会计实践相结合。中国证监会原首席会计师兼国际部主任张为国2005年11月19日在出席首届"中国注册会计师精英峰会"时强调,中国在阐述自己国际化立场的同时,也要注意国际上的另一个倾向,即很多国家在采纳国际会计准则的同时,也不会放弃本国会计准则。

因此,在积极向国际会计准则靠拢的同时,完善我国的会计准则体系才是最根本的。只有不断完善本国的会计准则体系,才能真正达到会计准则国际化的目标,也才能在会计准则国际化中保持竞争力,提高我国的地位,减少我国会计准则国际化的制度变迁成本,从而最大化我国会计准则国际化的净收益。

参考文献

[1] 刘峰：《会计准则研究》，大连：东北财经大学出版社，1996年。

[2] 刘峰：《会计准则变迁》，北京：中国财政经济出版社，2000年。

[3] 葛家澍，刘峰：《会计理论》，北京：中国财政经济出版社，2003年。

[4] 葛家澍，杜兴强：《财务会计概念框架与会计准则问题研究》，北京：中国财政经济出版社，2003年。

[5] 葛家澍，林志军：《西方会计理论》，厦门：厦门大学出版社，2006年。

[6] 黄文锋：《上市公司会计政策选择行为研究》，北京：经济科学出版社，2004年。

[7] 颜敏：《会计选择与变更实证研究》，北京：经济科学出版社，2007年。

[8] 罗勇：《会计准则理论研究》，上海：立信会计出版社，2007年。

[9] 科斯等：《契约经济学》，李风圣译，北京：经济科学出版社，1999年。

[10] 瓦茨，齐默尔曼：《实证会计理论》，陈少华等译，大连：东北财经大学出版社，1999年。

[11] 威廉·H. 比弗：《财务呈报：会计革命》，薛云奎等译，大连：东北财经大学出版社，1999年。

[12] 夏恩·桑德：《会计与控制理论》，方红星等译，大连：东北

财经大学出版社，2000 年。

[13] 斯蒂芬·A. 泽弗，贝拉. G. 德兰：《现代财务会计理论》，夏冬林等译，北京：经济科学出版社，2000 年。

[14] 斯蒂芬·A. 泽弗：《会计准则制定：理论与实践》，北京：中国财政经济出版社，2005 年。

[15] 威廉姆·R. 斯科特：《财务会计理论》，陈汉文等译，北京：机械工业出版社，2000 年。

[16] 王建新：《中国会计准则国际趋同研究》，北京：中国财政经济出版社，2005 年。

[17] 张维迎：《企业的企业家–契约理论》，上海：上海三联书店，1996 年。

[18] 张维迎：《博弈论与信息经济学》，上海：上海三联书店，2001 年。

[19] 吴水澎：《中国会计理论研究》，北京：中国财政经济出版社，2000 年。

[20] 许家林，龚翔：《中国会计准则体系建设：发展、比较、协调》，上海：立信会计出版社，2006 年。

[21] 雷光勇：《会计契约论》，北京：中国财政经济出版社，2004 年。

[22] 美国证券交易委员会，财政部会计司组织编译：《对美国财务报告采用以原则为基础的会计体系的研究》，北京：中国财政经济出版社，2003 年。

[23] 綦好东，杨志强：《中国会计准则制订—利益相关者的态度》，《会计研究》，2003 年第 9 期。

[24] 王跃堂：《经济后果学说对会计准则制定理论的影响》，《财经研究》，2000 年第 8 期。

[25] 王跃堂，孙铮，陈世敏：《股份有限公司会计制度经济后果的实证研究》，《中国会计与财务研究》，2001 年第 4 期。

[26] 孙铮，王跃堂：《资源配置与盈余操纵之实证研究》，《财经研究》，1999 年第 4 期。

[27] 王跃堂：《会计政策选择的经济动机— 基于沪深股市的实证

研究》,《会计研究》,2000年第12期。

[28] 戴奉祥:《企业会计政策选择的经济后果与政治成本》,《财务与会计》,2001年第1期。

[29] 颜敏,李现宗:《会计寻租研究》,《会计研究》,2004年第2期。

[30] 颜敏,王平心,张永国:《中美典型强制性会计变更的经济后果与启示》,《经济科学》,2006年第2期。

[31] 冯巧根:《中国会计制度的变迁与发展》,《北京工商大学学报》(社会科学版),2005年第1期。

[32] 冯巧根:《会计准则国际化中的权益失衡及其对策》,《会计研究》,2003年第2期。

[33] 冯巧根:《从倾销标准认定和国际会计准则趋同看会计准则的规范》,《商业会计》,2004年第11期。

[34] 冯巧根等:《反倾销调查的会计问题分析及会计对策构想》,《财会通讯》(学术版),2004年第7期。

[35] 王建新:《我国会计准则制定演进及其发展趋势研究》,《财政研究》,2006年第10期。

[36] 王建新:《长期资产减值转回研究:来自中国证券市场的经验证据》,《管理世界》,2007年第3期。

[37] 王建新:《会计准则制定用户的博弈分析》,《财经研究》,2002年第12期。

[38] 龚光明,李晚金:《会计政策选择:理论逻辑与经济后果》,《会计研究》,2004年第7期。

[39] 袁皓:《美国合并会计准则变迁:一种经济后果观》,《河北经贸大学学报》,2007年第3期。

[40] 陈信元,董华:《企业合并会计方法选择:一项案例研究》,《会计研究》,2000年第2期。

[41] 张鸣:《会计政策变更研究》,《财经问题研究》,2001年第8期。

[42] 葛家澍,刘峰:《从会计准则的性质看会计准则的制订》,《会计研究》,1996年第2期。

[43] 曲晓辉，陈瑜：《会计准则国际发展的利益关系分析》，《会计研究》，2003 年第 1 期。

[44] 曲晓辉：《试论具体会计准则及其社会影响》，《财政研究》，1997 年第 2 期。

[45] 谢德仁：《会计规则制定权合约安排的范式与变迁》，《会计研究》，1997 年第 9 期。

[46] 刘小年，吴联生：《会计规则的制定目标：信息中立还是经济后果》，《会计研究》，2004 年第 6 期。

[47] 平来禄，刘峰，雷科罗：《后安然时代的会计准则：原则导向还是规则导向》，《会计研究》，2003 年第 5 期。

[48] 郭敏，孟宪芹：《会计准则的性质：基于契约论视角的分析》，《管理世界》，2006 年第 12 期。

[49] 陈华：《经济后果观与美国会计准则的制定》，《财会月刊》，2002 年第 4 期。

[50] 雷光勇，刘金文，柳木华：《经济后果、会计管制与会计寻租》，《会计研究》，2001 年第 9 期。

[51] 郭旭芬：《会计制度变更的经济后果研究》，《财务与会计导刊》，2006 年第 9 期。

[52] 陆建桥：《中国亏损上市公司盈余管理实证研究》，《会计研究》，1999 年第 9 期。

[53] 陈冬华，陈信元：《中国会计准则制定中的利益协调：来自世纪星源案例的证据》，《会计研究》，2003 年第 6 期。

[54] 刘玉廷：《中国企业会计准则体系：架构、趋同与等效》，《商业会计》，2007 年第 10 期。

[55] 刘玉廷：《抓住机遇 巩固成果 全面推进我国的会计改革》，《会计研究》，2001 年第 12 期。

[56] 冯淑萍：《关于中国会计标准的国际化问题》，《会计研究》，2001 年第 11 期。

[57] 王军：《审时度势 把握机遇 完善中国会计准则体系》，《会计研究》，2005 年第 10 期。

[58] 王军：《学习好、宣传好、贯彻好新会计准则 全面提升会计

工作在经济社会发展中的服务效能》,《会计研究》,2006 年第 8 期。

[59] 李增泉:《我国上市公司资产减值政策的实证研究》,《中国会计与财务研究》,2001 年第 4 期。

[60] 黄世忠等:《企业合并会计的经济后果分析—兼论我国会计准则体系中计量属性的整合》,《会计研究》,2004 年第 8 期。

[61] 刘斌,胡媛:《组合会计政策选择的契约动因研究》,《财贸研究》,2006 年第 2 期。

[62] 李尧:《我国会计准则的经济后果研究》,东北财经大学硕士论文,2005 年。

[63] 戴德明,唐妤,何力军:《会计制度变迁背景下所得税会计信息的市场效应检验》,《山西财经大学学报》,2013 年第 11 期。

[64] 陈丽花,黄寿昌,杨雄胜:《资产负债观会计信息的市场效应检验—基于企业会计准则第 18 号所得税施行一年的研究》,《会计研究》,2009 年第 5 期。

[65] 李丽娟,王乾斌,朱凯:《递延所得税会计信息的价值相关性研究》,《上海立信会计学院学报》,2011 年第 1 期。

[66] 赵春光:《资产减值与盈余管理—论〈资产减值〉准则的政策涵义》,《会计研究》,2006 年第 3 期。

[67] 薛爽等:《八项计提与公司盈余管理的实证研究》,《上海立信会计学院学报》,2006 年第 2 期。

[68] 赵宇龙等:《我国证券市场"功能锁定"现象的实证研究》,《经济研究》,1999 年第 9 期。

[69] 汪祥耀等:《当前美国会计准则的发展趋势及若干思考》,《会计研究》,2003 年第 5 期。

[70] 卓毅等:《会计准则制定权的争夺:理论分析与中国实际》,《审计与经济研究》,2003 年第 3 期。

[71] 车幼梅:《美国会计准则向"以原则为基础"回归述评》,《财会通讯》(综合版),2004 年第 5 期。

[72] 龙文滨，张浩良：《期权会计准则经济后果的实证研究及启示》，《财会通讯》（学术版），2005 年第 8 期。

[73] 林斌等：《会计准则的定位：一项调查的分析性研究》，《会计研究》，2004 年第 3 期。

[74] 魏明海：《盈余管理基本理论及其研究述评》，《会计研究》，2000 年第 9 期。

[75] 李享等：《盈余管理动机、监管环境与会计操纵-来自长期资产减值的证据》，《中国会计与财务研究》，2008 年第 3 期。

[76] 杜兴强：《我国上市公司管理当局对会计准则制定的态度及对策探讨》，《会计研究》，2003 年第 7 期。

[77] 魏林燕等：《完善我国会计准则制定程序的基本构想》，燕山大学学报（哲学社会科学版），2006 年第 4 期。

[78] 洪其华：《德勤解读新会计准则：境外融资成本降低》，《第一财经日报》，2006 年 2 月 21 日。

[79] 王大力：《盘点中国会计准则提速》，《新理财》，2006 年第 2 期。

[80] 财政部会计准则委员会网站：http：//www.casc.org.cn.

[81] 雷光勇：《企业会计契约：动态过程与效率》，《经济研究》，2004 年第 5 期。

[82] 田淑萍：《美国会计准则制定模式变迁的启示》，《兰州大学学报》（社会科学版），2010 年第 2 期。

[83] 冉莉伟：《会计准则在金融危机环境下的争议及探讨》，《会计之友》，2009 年第 7 期。

[84] 戴彦雄：《金融危机中公允价值准则的经济后果探讨》，《会计之友》，2010 年第 2 期。

[85] 杨敏：《会计准则国际趋同的最新进展与我国的应对举措》，《会计研究》，2011 年第 9 期。

[86] 郑可人：《递延所得税资产确认计量中利润操纵的可能性》，《会计之友》，2009 年第 5 期。

[87] 马建威，梁超，余芹：《递延所得税资产的确认对企业净利润的影响探讨》，《商业会计》，2011 年第 18 期。

[88] 罗进辉，李超：《资产减值准备净计提、盈余管理与公司治理结构》，《中国会计评论》，2010年第6期。

[89] 叶建芳，周兰，李丹蒙：《管理层动机、会计政策选择与盈余管理——基于新会计准则下上市公司金融资产分类的实证研究》，《会计研究》，2009年第3期。

[90] Apostolou, N. G. and Crumbley, N. G. Accounting for Stock Options: The Controversy Continues. CPA journal. 2001 (5): 34-39.

[91] Wyatt, A. R. The Economic Impact of Financial Accounting Standards. Journal of Accountancy. 1977 (10): 92-94.

[92] Ball, R. and Brown, P. An Empirical Evaluation of Accounting Income Numbers. Journal of Accounting Research. 1968 (6): 159-178.

[93] Barth, M. E. Fair Value Accounting: Evidence from Investment Securities and the Market Value of Banks. Accounting Review. 1994 (1): 1-25.

[94] Bowan, R., Noreen, E. and Lacey, J. Determinants of the Corporate Decision to Capitalize Interest. Journal of Accounting and Economics. 1981 (3): 151-179.

[95] Bandyopadhyay, S. P. Market Reaction to Earnings Announcements of Successful Efforts and Full Cost Firms in the Oil and Gas Industry. Accounting Review. 1994 (69): 657-674.

[96] Ball, R. Changes in Accounting Techniques and Stock Prices Empirical Research. Journal of Accounting Research. 1972 (10): 1-38.

[97] Carpenter, J. TheValuation and Exercise of Executive Stock Options. Journal of Financial Economics. 1998 (48): 127-158.

[98] Dunne, K. M. An Empirical Analysis of Managementps Choice of Accounting Treatment for Business Combination. Journal of Accounting and Public Policy. 1990, 9 (2): 111-133.

[99] Deakin, E. B. An Analysis of Differences Between Non-Major

Oil Firms Using Successful Efforts and Full Cost Methods. Accounting Review. 1979 (54): 722-734.

[100] Darvid Mosso. FASB Viewpoint. FASB . 1978.

[101] Davis, M. L. Differential Market Reaction to Pooling and Purchase Methods. Accounting Review. 1990 (65): 234-256.

[102] Dyckman, T. R. The Efforts of Issuance of the Exposure Draft and FASB Statement No. 19 on the Security Returns of Oil and Gas Producing Companies. Financial Accounting Standards Board. 1979.

[103] Dhaliwal, D. Salamon, G. and Smith, E. The Effect of Owner Versus Management Control on the Choice of Accounting Methods. Journal of Accounting and Economics. 1982 (4): 41-53.

[104] Daley, L. A. and Vigeland L. A. The Effects of Debt Covenants and Political Costs on the Choice of Accounting Methods: the Case of Accounting for R&D Costs. Journal of Accounting and Economics. 1983 (5): 195-211.

[105] Edward B. Deakin. An Analysis of Differences Between Non-major Oil Firms Using Successful Efforts and Full CostMethods. Accounting Review. 1979 (12): 722-734.

[106] Financial Accounting Standard Board (FASB). Economic Consequences of Financial Accounting Standards. 1978.

[107] Hagman, R. L. and M. Zmijewski. Some Economic Determinants of Accounting Policy Choice. Journal of Accounting and Economics. 1979 (1): 141-161.

[108] Healy, P. M. The Effect of Bonus Schemes On Accounting Decisions. Journal of Accounting and Economics. 1985 (7): 85-107.

[109] Holthausen, R. W. Evidence on the Effect of Bond Covenants and Management Compensation Contracts on the Choice of Accounting Techniques: The Case Of the Depreciation Switchback. Journal of Accounting and Economics. 1981 (3): 73-109.

[110] Huddart, S. and Lang, M. Emplotee stock option exercise: An empirical Analysis. Journal of Accounting and Economics. 1996 (2): 15-43.

[111] Hong, H., Kaplan, R. S. and Mandelke, G. Pooling vs Purchase The Effect of Accounting for Mergers on Stock Price. Accounting Review. 1978 (22): 123-132.

[112] Imhoff, E. and Thomas, J. Economic Consequences of Accounting Standards: The Lease Disclosure Rule Change. Journal of Accounting and Economics. 1988 (10): 277-310.

[113] Leftwich, R. Evidence of the Impact of Mandatory Changes in Accounting Principles on Corporate Loan Agreements. Journal of Accounting and Economics. 1981 (3): 3-36.

[114] Lev, B. Toward a Theory of Equitable and Efficient Accounting Policy. Accounting Review. 1988 (1): 1-22.

[115] Lev, B. The Impact of Accounting Regulation on the Stock Market: The Case of Oil and Gas Companies. Accounting Review. 1979 (54): 485-503.

[116] Lys, T. Mandated Accounting Changes and Debt Covenants: The Case of Oil and Gas Accounting. Journal of Accounting and Economics. 1984 (10): 39-65.

[117] Miller, B. W. and Flegm, E. H. Should the FASB Be Neutral or Responsive? Journal of Accountancy. 1990, 169 (3): 35-40.

[118] Noreen, E. and J. Sepe. Market Reactions to Accounting policy Deliberations: the Inflation Accounting Case. Accounting Review. 1981 (4): 253-269.

[119] Paton, W. A. and Littleton, A. C. An Introduction to Corporate Accounting Standards. Accounting Review. 1940, 16 (1): 75-81.

[120] Rappaport, A. The Impact of Accounting Standards-Implications for the FASB. Journal of Accountancy. 1977 (5): 89-98.

[121] Robert J. Swieringa. Consequences of Financial Accounting Standards. Accounting Form. 1977 (5): 25-39.

[122] Sati P. Bandyopadhyay. Market Reaction to Earnings Announcements of Successful Efforts and Full Cost Firms in Oil and Gas Industry. Accounting Review. 1994 (12): 657-674.

[123] Sunder, S.. Properties of Accounting Numbers Under Full Costing and Successful Efforts Costing in the Petroleum Industry. Accounting Review. 1976 (51): 1-18.

[124] Zmijewski, M. and Hagerman, R. L. An Income Strategy Approach to the Positive Theory of Accounting Standard Setting Choice. Journal of Accounting and Economics, 1981 (3): 129-149.

[125] Zeff, S. A. "Political" Lobbying on Proposed Standards: A Challenge to the IASB. Accounting Horizons. 2002, 16 (1): 43-54.

[126] Zeff, S. A. The rise of "Economic Consequences", Journal of Accountancy. 1978 (12): 56-63.